SCIENCES · ARTS · LETTRES

BIBLIOTHÈQUE NATIONALE

LE SAGE

—

TURCARET

—

CRISPIN RIVAL DE SON MAITRE

PARIS

LIBRAIRIE DE LA BIBLIOTHÈQUE NATIONALE

1, rue Baillif, 1

PRÈS LA BANQUE DE FRANCE ET LE PALAIS-ROYAL

25 centimes

35 CENTIMES RENDU FRANCO DANS TOUTE LA FRANCE

1re édition. — 1869.

BIBLIOTHÈQUE NATIONALE

COLLECTION DES MEILLEURS AUTEURS ANCIENS ET MODERNES

THÉATRE

DE

LE SAGE

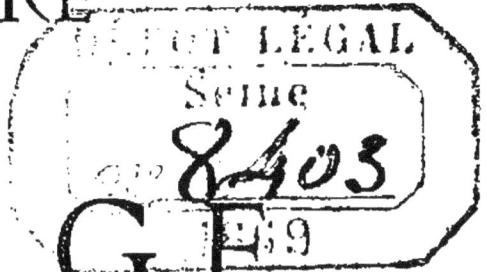

TURCARET

CRISPIN RIVAL DE SON MAITRE

PARIS

BUREAUX DE LA PUBLICATION

1, RUE BAILLIF, 1

1869

TURCARET

COMÉDIE EN CINQ ACTES ET EN PROSE

PERSONNAGES

———

M. TURCARET, traitant, amoureux de la baronne.

Madame TURCARET, sa femme.

LE CHEVALIER, } petits-maîtres.
LE MARQUIS,

LA BARONNE, jeune veuve, coquette.

M. RAFLE, usurier.

M. FURET, fourbe.

Madame JACOB, revendeuse à la toilette et sœur de
    M. Turcaret.

FRONTIN, valet du chevalier.

FLAMAND, valet de M. Turearet.

JASMIN, petit laquais de la baronne.

MARINE, } suivantes de la baronne.
LISETTE,

La scène est à Paris, chez la baronne.

TURCARET

ACTE PREMIER

SCÈNE PREMIÈRE

LA BARONNE, MARINE.

MARINE.

Encore hier deux cents pistoles!

LA BARONNE.

Cesse de me reprocher...

MARINE.

Non, madame, je ne puis me taire; votre conduite est insupportable.

LA BARONNE.

Marine...!

MARINE.

Vous mettez ma patience à bout.

LA BARONNE.

Hé! comment veux-tu donc que je fasse? Suis-je femme à thésauriser?

MARINE.

Ce serait trop exiger de vous; et cependant je vous vois dans la nécessité de le faire.

LA BARONNE.

Pourquoi?

MARINE.

Vous êtes veuve d'un colonel étranger qui a été tué en Flandre l'année passée; vous aviez déjà mangé le petit douaire qu'il vous avait laissé en partant, et il ne vous restait plus que vos meubles, que vous auriez été obligée de vendre si la fortune propice ne vous eût fait faire la précieuse conquête de M. Turcaret le traitant. Cela n'est-il pas vrai, madame?

LA BARONNE.

Je ne dis pas le contraire.

MARINE.

Or, ce M. Turcaret, qui n'est pas un homme fort aimable, et qu'aussi vous n'aimez guère, quoique vous ayez dessein de l'épouser, comme il vous l'a promis; M. Turcaret, dis-je, ne se presse pas de vous tenir parole, et vous attendez patiemment qu'il accomplisse sa promesse, parce qu'il vous fait tous les jours quelque présent considérable; je n'ai rien à dire à cela; mais ce que je ne puis souffrir, c'est que vous vous soyez coiffée d'un petit chevalier joueur, qui va mettre à la réjouissance les dépouilles du traitant. Hé! que prétendez-vous faire de ce chevalier?

LA BARONNE.

Le conserver pour ami. N'est-il pas permis d'avoir des amis?

MARINE.

Sans doute, et de certains amis encore dont on peut faire son pis-aller. Celui-ci, par exemple, vous pourriez fort bien l'épouser, en cas que M. Turcaret vînt à vous manquer; car il

n'est pas de ces chevaliers qui sont consa-
crés au célibat, et obligés de courir au secours de Malte : c'est un chevalier de Paris;
il fait ses caravanes dans les lansquenets.

LA BARONNE.

Oh ! je le crois un fort honnête homme.

MARINE.

J'en juge tout autrement. Avec ses airs passionnés, son ton radouci, sa face minaudière,
je le crois un grand comédien; et ce qui me
confirme dans mon opinion, c'est que Frontin,
son bon valet Frontin, ne m'en a pas dit le
moindre mal.

LA BARONNE.

Le préjugé est admirable! Et tu conclus
de là...?

MARINE.

Que le maître et le valet sont deux fourbes
qui s'entendent pour vous duper; et vous
vous laissez surprendre à leurs artifices, quoiqu'il y ait déjà du temps que vous les con-
naissiez. Il est vrai que, depuis votre veuvage,
il a été le premier à vous offrir brusquement
sa foi; et cette façon de sincérité l'a tellement
établi chez vous, qu'il dispose de votre bourse
comme de la sienne.

LA BARONNE.

Il est vrai que j'ai été sensible aux premiers soins du chevalier. J'aurais dû, je l'a-
voue, l'éprouver avant que de lui découvrir
mes sentiments; et je conviendrai de bonne
foi que tu as peut-être raison de me reprocher tout ce que je fais pour lui.

MARINE.

Assurément, et je ne cesserai point de vous
tourmenter que vous ne l'ayez chassé de chez

vous; car enfin, si cela continue, savez-vous ce qui en arrivera?

LA BARONNE.

Hé! quoi?

MARINE.

Que M. Turcaret saura que vous voulez conserver le chevalier pour ami; et il ne croit pas, lui, qu'il soit permis d'avoir des amis. Il cessera de vous faire des présents, il ne vous épousera point; et si vous êtes réduite à épouser le chevalier, ce sera un fort mauvais mariage pour l'un et pour l'autre.

LA BARONNE.

Tes réflexions sont judicieuses, Marine; je veux songer à en profiter.

MARINE.

Vous ferez bien : il faut prévoir l'avenir. Envisagez dès à présent un établissement solide; profitez des prodigalités de M. Turcaret, en attendant qu'il vous épouse. S'il y manque, à la vérité on en parlera un peu dans le monde; mais vous aurez, pour vous en dédommager, de bons effets, de l'argent comptant, des bijoux, de bons billets au porteur, des contrats de rente; et vous trouverez alors quelque gentilhomme capricieux ou malaisé, qui réhabilitera votre réputation par un bon mariage.

LA BARONNE.

Je cède à tes raisons, Marine; je veux me détacher du chevalier, avec qui je sens bien que je me ruinerais à la fin.

MARINE.

Vous commencez à entendre raison. C'est là le bon parti. Il faut s'attacher à M. Turcaret, pour l'épouser ou pour le ruiner. Vous tirerez du moins, des débris de sa fortune, de quoi vous mettre en équipage, de quoi soutenir dans le monde une figure brillante; et, quoi que l'on puisse dire, vous lasserez les caquets, vous fatiguerez la médisance, et l'on s'accoutumera insensiblement à vous confondre avec les femmes de qualité.

LA BARONNE.

Ma résolution est prise; je veux bannir de mon cœur le chevalier; c'en est fait, je ne prends plus de part à sa fortune, je ne réparerai plus ses pertes, il ne recevra plus rien de moi.

MARINE.

Son valet vient, faites-lui un accueil glacé : commencez par là le grand ouvrage que vous méditez.

LA BARONNE.

Laisse-moi faire.

SCÈNE II

LA BARONNE, MARINE, FRONTIN.

FRONTIN, *à la baronne.*

Je viens de la part de mon maître, et de la miénne, madame, vous donner le bonjour.

LA BARONNE, *d'un air froid.*

Je vous en suis obligée, Frontin.

FRONTIN.

Et mademoiselle Marine veut bien aussi qu'on prenne la liberté de la saluer?

MARINE, *d'un air brusque, à Frontin.*

Bon jour et bon an.

FRONTIN, *présentant un billet à la baronne.*

Ce billet, que M. le chevalier vous écrit, vous instruira, madame, de certaine aventure...

MARINE, *bas, à la baronne.*

Ne le recevez pas.

LA BARONNE, *prenant le billet.*

Cela n'engage à rien, Marine. Voyons, voyons ce qu'il me mande.

MARINE, *bas, à la baronne.*

Sotte curiosité !

LA BARONNE *lit.*

« Je viens de recevoir le portrait d'une com-
« tesse : je vous l'envoie et vous le sacrifie ;
« mais vous ne devez point me tenir compte
« de ce sacrifice, ma chère baronne : je suis
« si occupé, si possédé de vos charmes, que
« je n'ai pas la liberté de vous être infidèle.
« Pardonnez, mon adorable, si je ne vous en
« dis pas davantage ; j'ai l'esprit dans un ac-
« cablement mortel. J'ai perdu tout mon ar-
« gent, et Frontin vous dira le reste.

« LE CHEVALIER. »

MARINE, *haut, à Frontin.*

Puisqu'il a perdu tout son argent, je ne vois pas qu'il y ait du reste à cela.

FRONTIN, *à Marine.*

Pardonnez-moi. Outre les deux cents pistoles que madame eut la bonté de lui prêter hier, et le peu d'argent qu'il avait d'ailleurs, il a encore perdu mille écus sur sa parole : voilà le reste. Oh ! diable, il n'y a pas un mot inutile dans les billets de mon maître.

LA BARONNE, *à Frontin.*

Où est le portrait ?

FRONTIN, *donnant le portrait à la baronne.*

Le voici.

LA BARONNE.

Il ne m'a point parlé de cette comtesse-là, Frontin!

FRONTIN.

C'est une conquête, madame, que nous avons faite sans y penser. Nous rencontrâmes l'autre jour cette comtesse dans un lansquenet.

MARINE.

Une comtesse de lansquenet!

FRONTIN.

Elle agaça mon maître : il répondit, pour rire, à ses minauderies. Elle, qui aime le sérieux, a pris la chose fort sérieusement; elle nous a, ce matin, envoyé son portrait; nous ne savons pas seulement son nom.

MARINE.

Je vais parier que cette comtesse-là est quelque dame normande. Toute sa famille bourgeoise se cotise pour lui faire tenir à Paris une petite pension, que les caprices du jeu augmentent ou diminuent.

FRONTIN, *à Marine.*

C'est ce que nous ignorons.

MARINE.

Oh! que non! vous ne l'ignorez pas. Peste! vous n'êtes pas gens à faire sottement des sacrifices! vous en connaissez bien le prix.

FRONTIN, *à la baronne.*

Savez-vous bien, madame, que cette dernière nuit a pensé être une nuit éternelle pour M. le chevalier? En arrivant au logis, il se jette dans un fauteuil; il commence par se rappeler les plus malheureux coups du jeu, assaisonnant ses réflexions d'épithètes et d'apostrophes énergiques.

LA BARONNE, *regardant le portrait.*

Tu as vu cette comtesse, Frontin; n'est-elle pas plus belle que son portrait?

FRONTIN.

Non, madame; et ce n'est pas, comme vous voyez, une beauté régulière; mais elle est assez piquante, ma foi, elle est assez piquante. Or, je voulus d'abord représenter à mon maître que tous ses jurements étaient des paroles perdues; mais, considérant que cela soulage un joueur désespéré, je le laissai s'égayer dans ses apostrophes.

LA BARONNE, *regardant toujours le portrait.*

Quel âge a-t-elle, Frontin?

FRONTIN.

C'est ce que je ne sais pas trop bien; car elle a le teint si beau, que je pourrais m'y tromper d'une bonne vingtaine d'années.

MARINE.

C'est-à-dire qu'elle a pour le moins cinquante ans.

FRONTIN.

Je le croirais bien, car elle en paraît trente. Mon maître donc, après avoir réfléchi, s'abandonne à la rage : il demande ses pistolets.

LA BARONNE.

Ses pistolets, Marine! ses pistolets!

MARINE.

Il ne se tuera point, madame, il ne se tuera point.

FRONTIN.

Je les lui refuse; aussitôt il tire brusquement son épée.

LA BARONNE.

Ah! il s'est blessé, Marine, assurément.

MARINE.

Hé! non, non; Frontin l'en aura empêché.

FRONTIN.

Oui, je me jette sur lui à corps perdu. « Monsieur le chevalier, lui dis-je, qu'allez-vous faire? vous passez les bornes de la douleur du lansquenet. Si votre malheur vous fait haïr le jour, conservez-vous, du moins, vivez pour votre aimable baronne; elle vous a, jusqu'ici, tiré généreusement de tous vos embarras; et soyez sûr (ai-je ajouté seulement pour calmer sa fureur) qu'elle ne vous laissera point dans celui-ci. »

MARINE, *bas*.

L'entend-il, le maraud?

FRONTIN.

« Il ne s'agit que de mille écus une fois; M. Turcaret a bon dos, il portera bien encore cette charge-là. »

LA BARONNE.

Eh bien, Frontin?

FRONTIN.

Eh bien, madame! à ces mots (admirez le pouvoir de l'espérance), il s'est laissé désarmer comme un enfant; il s'est couché et s'est endormi.

MARINE.

Le pauvre chevalier!

FRONTIN.

Mais ce matin, à son réveil, il a senti renaître ses chagrins; le portrait de la comtesse ne les a point dissipés. Il m'a fait partir sur-le-champ pour venir ici, et il attend mon retour pour disposer de son sort. Que lui dirai-je, madame?

LA BARONNE.

Tu lui diras, Frontin, qu'il peut toujours faire fond sur moi, et que, n'étant point en argent comptant...

(*Elle veut tirer son diamant.*)

MARINE, *la retenant.*

Hé! madame, y songez-vous?

LA BARONNE, *remettant son diamant.*

Tu lui diras que je suis touchée de son malheur.

MARINE, *à Frontin.*

Et que je suis, de mon côté, très-fâchée de son infortune.

FRONTIN.

Ah! qu'il sera fâché, lui...! (*Bas, à part.*) Maugrébleu de la soubrette!

LA BARONNE.

Dis-lui bien, Frontin, que je suis sensible à ses peines.

MARINE.

Que je sens vivement son affliction, Frontin.

FRONTIN, *haut, à la baronne.*

C'en est donc fait, madame, vous ne verrez plus M. le chevalier. La honte de ne pouvoir payer ses dettes va l'écarter de vous pour jamais; car rien n'est plus sensible pour un enfant de famille. Nous allons tout à l'heure prendre la poste.

LA BARONNE.

Prendre la poste, Marine.

MARINE, *à la baronne.*

Ils n'ont pas de quoi la payer.

FRONTIN.

Adieu, madame.

LA BARONNE, *tirant son diamant.*

Attends, Frontin.

MARINE, *à Frontin.*

Non, non; va-t'en vite lui faire réponse.

LA BARONNE, *à Marine.*

Oh! je ne puis me résoudre à l'abandonner. (*Donnant son diamant à Frontin.*) Tiens, voilà un diamant de cinq cents pistoles que M. Turcaret m'a donné; va le mettre en gage et tire ton maître de l'affreuse situation où il se trouve.

FRONTIN.

Je vais le rappeler à la vie. Je lui rendrai compte, Marine, de l'excès de ton affliction.

(*Il sort.*)

MARINE.

Ah! que vous êtes tous deux bien ensemble, messieurs les fripons!

SCÈNE III

LA BARONNE, MARINE.

LA BARONNE.

Tu vas te déchaîner contre moi, Marine, t'emporter...

MARINE.

Non, madame, je ne m'en donnerai pas la peine, je vous assure. Eh! que m'importe, après tout, que votre bien s'en aille comme il vient? Ce sont vos affaires; madame, ce sont vos affaires.

LA BARONNE.

Hélas! je suis plus à plaindre qu'à blâmer : ce que tu me vois faire n'est point l'effet d'une volonté libre; je suis entraînée par un penchant si tendre, que je ne puis y résister.

MARINE.

Un penchant tendre! Ces faiblesses-là vous conviennent-elles? Hé fi! vous aimez comme une vieille bourgeoise.

LA BARONNE.

Que tu es injuste, Marine! Puis-je ne pas savoir gré au chevalier du sacrifice qu'il me fait?

MARINE.

Le plaisant sacrifice! Que vous êtes facile à tromper! Mort de ma vie! c'est quelque vieux portrait de famille; que sait-on? de sa grand'-mère peut-être.

LA BARONNE, *regardant le portrait.*

Non; j'ai quelque idée de ce visage-là, et une idée récente.

MARINE, *prenant le portrait.*

Attendez... Ah! justement, c'est ce colosse de provinciale que nous vîmes au bal il y a trois jours, qui se fit tant prier pour ôter son masque, et que personne ne connut quand elle fut démasquée.

LA BARONNE.

Tu as raison, Marine; cette comtesse-là n'est pas mal faite.

MARINE, *rendant le portrait à la baronne.*

A peu près comme M. Turcaret. Mais si la

comtesse était femme d'affaires, on ne vous la sacrifierait pas, sur ma parole.

SCÈNE IV

LA BARONNE, FLAMAND, MARINE.

LA BARONNE.

Tais-toi, Marine, j'aperçois le laquais de M. Turcaret.

MARINE, *bas, à la baronne.*

Oh! pour celui-ci, passe; il ne nous apporte que de bonnes nouvelles. Il tient quelque chose; c'est sans doute un nouveau présent que son maître vous fait.

FLAMAND, *présentant un petit coffre à la baronne.*

M. Turcaret, madame, vous prie d'agréer ce petit présent. Serviteur, Marine.

MARINE.

Tu sois le bien venu, Flamand! j'aime mieux te voir que ce vilain Frontin.

LA BARONNE, *montrant le coffre à Marine.*

Considère, Marine, admire le travail de ce petit coffre : as-tu rien vu de plus délicat?

MARINE.

Ouvrez, ouvrez, je réserve mon admiration pour le dedans; le cœur me dit que nous en serons plus charmées que du dehors.

LA BARONNE *l'ouvre.*

Que vois-je! un billet au porteur! l'affaire est sérieuse.

MARINE.

De combien, madame?

LA BARONNE.

De dix mille écus.

MARINE, *bas*.

Bon, voilà la faute du diamant réparée.

LA BARONNE.

Je vois un autre billet.

MARINE.

Encore au porteur?

LA BARONNE.

Non; ce sont des vers que M. Turcaret m'a-dresse.

MARINE.

Des vers de M. Turcaret!

LA BARONNE, *lisant*.

« A Philis... Quatrain... » Je suis la Philis, et il me prie en vers de recevoir son billet en prose.

MARINE.

Je suis fort curieuse d'entendre des vers d'un auteur qui envoie de si bonne prose.

LA BARONNE.

Les voici; écoute. (*Elle lit.*)

« Recevez ce billet, charmante Philis,
« Et soyez assurée que mon âme
« Conservera toujours une éternelle flamme,
« Comme il est certain que trois et trois font six. »

MARINE.

Que cela est finement pensé!

LA BARONNE.

Et noblement exprimé! Les auteurs se pei-gnent dans leurs ouvrages... Allez, portez ce coffre dans mon cabinet, Marine.

(*Marine sort.*)

SCÈNE V

LA BARONNE, FLAMAND.

LA BARONNE.

Il faut que je te donne quelque chose, à toi, Flamand. Je veux que tu boives à ma santé.

FLAMAND.

Je n'y manquerai pas, madame, et du bon encore.

LA BARONNE.

Je t'y convie.

FLAMAND.

Quand j'étais chez ce conseiller que j'ai servi ci-devant, je m'accommodais de tout; mais, depuis que je sis chez M. Turcaret, je sis devenu délicat, oui.

LA BARONNE.

Rien n'est tel que la maison d'un homme d'affaires pour perfectionner le goût.

SCÈNE VI

LA BARONNE, FLAMAND, MARINE.

FLAMAND, *apercevant M. Turcaret.*

Le voici, madame, le voici.

(*Il sort.*)

SCÈNE VII

M. TURCARET, LA BARONNE, MARINE.

LA BARONNE.

Je suis ravie de vous voir, monsieur Turcaret, pour vous faire des compliments sur les vers que vous m'avez envoyés.

M. TURCARET, *riant*.

Ho, ho !

LA BARONNE.

Savez-vous bien qu'ils sont du dernier galant? Jamais les Voiture ni les Pavillon n'en
ont fait de pareils.

M. TURCARET.

Vous plaisantez, apparemment?

LA BARONNE.

Point du tout.

M. TURCARET.

Sérieusement, madame, les trouvez-vous
bien tournés?

LA BARONNE.

Le plus spirituellement du monde.

M. TURCARET.

Ce sont pourtant les premiers vers que j'aie
faits de ma vie.

LA BARONNE.

On ne le dirait pas.

M. TURCARET.

Je n'ai pas voulu emprunter le secours de
quelque auteur, comme cela se pratique.

LA BARONNE.

On le voit bien : les auteurs de profession
ne pensent et ne s'expriment pas ainsi; on ne
saurait les soupçonner de les avoir faits.

M. TURCARET.

J'ai voulu voir, par curiosité, si je serais
capable d'en composer, et l'amour m'a ouvert
l'esprit.

LA BARONNE.

Vous êtes capable de tout, monsieur, et il
n'y a rien d'impossible pour vous.

MARINE.

Votre prose, monsieur, mérite aussi des compliments : elle vaut bien votre poésie au moins.

M. TURCARET.

Il est vrai que ma prose a son mérite ; elle est signée et approuvée par quatre fermiers généraux.

MARINE, *à M. Turcaret.*

Cette approbation vaut mieux que celle de l'Académie.

LA BARONNE.

Pour moi, je n'approuve point votre prose, monsieur, et il me prend envie de vous quereller.

M. TURCARET.

D'où vient ?

LA BARONNE.

Avez-vous perdu la raison, de m'envoyer un billet au porteur ? Vous faites tous les jours quelques folies comme cela.

M. TURCARET.

Vous vous moquez.

LA BARONNE.

De combien est-il, ce billet ? Je n'ai pas pris garde à la somme, tant j'étais en colère contre vous.

M. TURCARET.

Bon ! il n'est que de dix mille écus.

LA BARONNE.

Comment, dix mille écus ! Ah ! si j'avais su cela, je vous l'aurais renvoyé sur-le-champ.

M. TURCARET.

Fi donc !

LA BARONNE.

Mais je vous le renverrai.

M. TURCARET.

Oh! vous l'avez reçu, vous ne le rendrez point.

MARINE, *bas; à part.*

Oh! pour cela, non.

LA BARONNE.

Je suis plus offensée du motif que de la chose même.

M. TURCARET.

Hé! pourquoi?

LA BARONNE.

En m'accablant tous les jours de présents, il semble que vous vous imaginiez avoir besoin de ces liens-là pour m'attacher à vous.

M. TURCARET.

Quelle pensée! Non, madame, ce n'est point dans cette vue que...

LA BARONNE.

Mais vous vous trompez, monsieur, je ne vous en aime pas davantage pour cela.

M. TURCARET.

Qu'elle est franche! qu'elle est sincère!

LA BARONNE.

Je ne suis sensible qu'à vos empressements, qu'à vos soins...

M. TURCARET.

Quel bon cœur!

LA BARONNE.

Qu'au seul plaisir de vous voir.

M. TURCARET.

Elle me charme... Adieu, charmante Philis.

LA BARONNE.

Quoi! vous sortez si tôt?

M. TURCARET.

Oui, ma reine; je ne viens ici que pour vous saluer en passant. Je vais à une de nos assemblées, pour m'opposer à la réception d'un pied-plat, d'un homme de rien, qu'on veut faire entrer dans notre compagnie. Je reviendrai dès que je pourrai m'échapper.

(*Il lui baise la main.*)

LA BARONNE.

Fussiez-vous déjà de retour!

MARINE, *faisant la révérence à M. Turcaret.*

Adieu, monsieur, je suis votre très-humble servante.

M. TURCARET.

A propos, Marine, il me semble qu'il y a longtemps que je ne t'ai rien donné. (*Il lui donne une poignée d'argent.*) Tiens, je donne sans compter, moi.

MARINE.

Et moi, je reçois de même, monsieur. Oh! nous sommes tous deux des gens de bonne foi!

(*M. Turcaret sort.*)

SCÈNE VIII

LA BARONNE, MARINE.

LA BARONNE.

Il s'en va fort satisfait de nous, Marine.

MARINE.

Et nous demeurons fort contentes de lui, madame. L'excellent sujet! il a de l'argent, il est prodigue et crédule; c'est un homme fait pour les coquettes.

LA BARONNE.

J'en fais assez ce que je veux, comme tu vois.

MARINE.

Oui; mais, par malheur, je vois arriver ici des gens qui vengent bien M. Turcaret.

SCÈNE IX

LE CHEVALIER, LA BARONNE, FRONTIN, MARINE.

LE CHEVALIER, *à la baronne.*

Je viens, madame, vous témoigner ma reconnaissance; sans vous, j'aurais violé la foi des joueurs : ma parole perdait tout son crédit, et je tombais dans le mépris des honnêtes gens.

LA BARONNE.

Je suis bien aise, chevalier, de vous avoir fait ce plaisir.

LE CHEVALIER.

Ah! qu'il est doux de voir sauver son honneur par l'objet même de son amour!

MARINE, *bas, à elle-même.*

Qu'il est tendre et passionné! Le moyen de lui refuser quelque chose!

LE CHEVALIER.

Bonjour, Marine. Madame, j'ai aussi quelques grâces à lui rendre; Frontin m'a dit qu'elle s'est intéressée à ma douleur.

MARINE, *au chevalier.*

Eh! oui, merci de ma vie! je m'y suis intéressée : elle nous coûte assez pour cela.

LA BARONNE, *à Marine.*

Taisez-vous, Marine; vous avez des vivacités qui ne me plaisent pas.

LE CHEVALIER.

Eh! madame, laissez-la parler; j'aime les gens francs et sincères.

MARINE.

Et moi, je hais ceux qui ne le sont pas.

LE CHEVALIER.

Elle est toute spirituelle dans ses mauvaises humeurs; elle a des reparties brillantes qui m'enlèvent. Marine, au moins, j'ai pour vous ce qui s'appelle une véritable amitié; et je veux vous en donner des marques. (*Il fait semblant de fouiller dans ses poches.*) Frontin, la première fois que je gagnerai, fais-m'en ressouvenir.

FRONTIN, *à Marine.*

C'est de l'argent comptant.

MARINE, *à Frontin.*

J'ai bien affaire de son argent! Eh! qu'il ne vienne pas ici piller le nôtre.

LA BARONNE.

Prenez garde à ce que vous dites, Marine.

MARINE.

C'est voler au coin d'un bois.

LA BARONNE.

Vous perdez le respect.

LE CHEVALIER, *à la baronne.*

Ne prenez point la chose sérieusement.

MARINE.

Je ne puis me contraindre, madame; je ne puis voir tranquillement que vous soyez la dupe de monsieur, et que M. Turcaret soit la vôtre.

LA BARONNE.

Marine...!

MARINE.

Eh! fi, fi! madame, c'est se moquer de recevoir d'une main pour dissiper de l'autre. La belle conduite! Nous en aurons toute la honte, et M. le chevalier tout le profit.

LA BARONNE.

Oh! pour cela, vous êtes trop insolente; je n'y puis plus tenir.

MARINE.

Ni moi non plus.

LA BARONNE.

Je vous chasserai.

MARINE.

Vous n'aurez pas cette peine-là, madame; je me donne mon congé moi-même : je ne veux pas qu'on dise dans le monde que je suis infructueusement complice de la ruine d'un financier.

LA BARONNE.

Retirez-vous, impudente! Ne paraissez jamais devant moi que pour me rendre vos comptes.

MARINE.

Je les rendrai à M. Turcaret, madame; et, s'il est assez sage pour m'en croire, vous compterez aussi tous deux ensemble.

(Elle sort.)

SCÈNE X

LE CHEVALIER, LA BARONNE, FRONTIN.

LE CHEVALIER, *à la baronne.*

Voilà, je l'avoue, une créature impertinente : vous avez eu raison de la chasser.

FRONTIN.

Oui, madame, vous avez eu raison : comment donc! mais c'est une espèce de mère que cette servante-là.

LA BARONNE, *à Frontin.*

C'est un pédant éternel que j'avais aux oreilles.

FRONTIN.

Elle se mêlait de vous donner des conseils; elle vous aurait gâtée à la fin.

LA BARONNE.

Je n'avais que trop d'envie de m'en défaire; mais je suis femme d'habitude, et je n'aime point les nouveaux visages.

LE CHEVALIER.

Il serait pourtant fâcheux que, dans le premier mouvement de sa colère, elle allât donner à M. Turcaret des impressions qui ne conviendraient ni à vous ni à moi.

FRONTIN, *au chevalier.*

Oh! diable, elle n'y manquera pas : les soubrettes sont comme les bigotes : elles font des actions charitables pour se venger.

LA BARONNE, *au chevalier.*

De quoi s'inquiéter? Je ne la crains point. J'ai de l'esprit, et M. Turcaret n'en a guère : je ne l'aime point, et il est amoureux. Je sau-

rai me faire auprès de lui un mérite de l'avoir
chassée.

LA BARONNE.

Fort bien, madame; il faut mettre tout à
profit.

LA BARONNE.

Mais je songe que ce n'est pas assez de
nous être débarrassés de Marine, il faut encore exécuter une idée qui me vient dans l'esprit.

LE CHEVALIER.

Quelle idée, madame?

LA BARONNE.

Le laquais de M. Turcaret est un sot, un
benêt, dont on ne peut tirer le moindre service; et je voudrais mettre à sa place quelque habile homme, quelqu'un de ces génies supérieurs, qui sont faits pour gouverner
les esprits médiocres, et les tenir toujours
dans la situation dont on a besoin.

FRONTIN.

Quelqu'un de ces génies supérieurs! Je vous
vois venir, madame, cela me regarde.

LE CHEVALIER.

Mais, en effet, Frontin ne nous sera pas
inutile auprès de notre traitant.

LA BARONNE.

Je veux l'y placer.

LE CHEVALIER.

Il nous en rendra bon compte, n'est-ce pas?

FRONTIN.

Je suis jaloux de l'invention; on ne pouvait
rien imaginer de mieux. Par ma foi, monsieur Turcaret, je vous ferai bien voir du
pays, sur ma parole.

LA BARONNE.

Il m'a fait présent d'un billet au porteur de dix mille écus ; je veux changer cet effet-là de nature : il en faut faire de l'argent. Je ne connais personne pour cela, chevalier, chargez-vous de ce soin ; je vais vous remettre le billet. Retirez ma bague, je suis bien aise de l'avoir, et vous me tiendrez compte du surplus.

FRONTIN.

Cela est trop juste, madame ; et vous n'avez rien à craindre de notre probité.

LE CHEVALIER.

Je ne perdrai point de temps, madame, et vous aurez cet argent incessamment.

LA BARONNE.

Attendez un moment, je vais vous donner le billet.

SCÈNE XI

LE CHEVALIER, FRONTIN.

FRONTIN.

Un billet de dix mille écus ! La bonne aubaine, et la bonne femme ! Il faut être aussi heureux que vous l'êtes, pour en rencontrer de pareilles. Savez-vous que je la trouve un peu trop crédule pour une coquette ?

LE CHEVALIER.

Tu as raison.

FRONTIN.

Ce n'est pas mal payer le sacrifice de notre vieille folle de comtesse, qui n'a pas le sou.

LE CHEVALIER.

Il est vrai.

FRONTIN.

Madame la baronne est persuadée que vous avez perdu mille écus sur votre parole, et que son diamant est en gage; le lui rendrez-vous, monsieur, avec le reste du billet?

LE CHEVALIER.

Si je le lui rendrai?

FRONTIN.

Quoi! tout entier, sans quelque nouvel article de dépense?

LE CHEVALIER.

Assurément; je me garderai bien d'y manquer.

FRONTIN.

Vous avez des moments d'équité; je ne m'y attendais pas.

LE CHEVALIER.

Je serais un grand malheureux de m'exposer à rompre avec elle à si bon marché.

FRONTIN.

Ah! je vous demande pardon : j'ai fait un jugement téméraire; je croyais que vous vouliez faire les choses à demi.

LE CHEVALIER.

Oh! non. Si jamais je me brouille, ce ne sera qu'après la ruine totale de M. Turcaret.

FRONTIN.

Qu'après sa destruction, là, son anéantissement?

LE CHEVALIER.

Je ne rends des soins à la coquette que pour ruiner le traitant.

FRONTIN.

Fort bien : à ces sentiments généreux, je reconnais mon maître.

SCÈNE XII

LE CHEVALIER, LA BARONNE, FRONTIN.

LE CHEVALIER, *bas, à Frontin.*

Paix, Frontin, voici la baronne.

LA BARONNE.

Allez, chevalier, allez, sans tarder davantage, négocier ce billet, et me rendez ma bague le plus tôt que vous pourrez.

LE CHEVALIER.

Madame, Frontin va vous la rapporter incessamment ; mais, avant que je vous quitte, souffrez que, charmé de vos manières généreuses, je vous fasse connaître...

LA BARONNE.

Non, je vous le défends ; ne parlons point de cela.

LE CHEVALIER.

Quelle contrainte pour un cœur aussi reconnaissant que le mien !

LA BARONNE, *s'en allant.*

Sans adieu, chevalier. Je crois que nous nous reverrons tantôt.

LE CHEVALIER.

Pourrais-je m'éloigner de vous sans une si douce espérance ?

(Il conduit la baronne, qui rentre dans son appartement, et il sort.)

SCÈNE XIII

FRONTIN, *seul*.

J'admire le train de la vie humaine! Nous plumons une coquette, la coquette mange un homme d'affaires, l'homme d'affaires en pille d'autres : cela fait un ricochet de fourberies le plus plaisant du monde.

ACTE SECOND

SCÈNE PREMIÈRE

LA BARONNE, FRONTIN.

FRONTIN, *lui donnant le diamant.*

Je n'ai pas perdu de temps, comme vous voyez, madame; voilà votre diamant; l'homme qui l'avait en gage me l'a remis entre les mains dès qu'il a vu briller le billet au porteur, qu'il veut escompter moyennant un très-honnête profit. Mon maître, que j'ai laissé avec lui, va venir vous en rendre compte.

LA BARONNE.

Je suis enfin débarrassée de Marine; elle a sérieusement pris son parti; j'appréhendais que ce ne fût qu'une feinte; elle est sortie. Ainsi, Frontin, j'ai besoin d'une femme de chambre; je te charge de m'en chercher une autre.

FRONTIN.

J'ai votre affaire en main; c'est une jeune personne douce, complaisante, comme il vous la faut; elle verrait tout aller sens dessus dessous dans votre maison sans dire une syllabe.

LA BARONNE.

J'aime ces caractères-là. Tu la connais particulièrement?

FRONTIN.

Très-particulièrement; nous sommes même un peu parents.

LA BARONNE.

C'est-à-dire que l'on peut s'y fier.

FRONTIN.

Comme à moi-même; elle est sous ma tutelle; j'ai l'administration de ses gages et de ses profits, et j'ai soin de lui fournir tous ses petits besoins.

LA BARONNE.

Elle sert sans doute actuellement?

FRONTIN.

Non; elle est sortie de condition depuis quelques jours.

LA BARONNE.

Et pour quel sujet?

FRONTIN.

Elle servait des personnes qui mènent une vie retirée, qui ne reçoivent que des visites sérieuses, un mari et une femme qui s'aiment, des gens extraordinaires; enfin, c'est une maison triste : ma pupille s'y est ennuyée.

LA BARONNE.

Où donc est-elle à l'heure qu'il est?

FRONTIN.

Elle est logée chez une vieille prude de ma connaissance, qui, par charité, retire des femmes de chambre hors de condition, pour savoir ce qui se passe dans les familles.

LA BARONNE.

Je la voudrais avoir dès aujourd'hui; je ne puis me passer de fille.

FRONTIN.

Je vais vous l'envoyer, madame, ou vous l'amener moi-même : vous en serez contente. Je ne vous ai pas dit toutes ses bonnes qualités : elle chante et joue à ravir de toutes sortes d'instruments.

LA BARONNE.

Mais, Frontin, vous me parlez là d'un fort joli sujet.

FRONTIN.

Je vous en réponds : aussi je la destine pour l'Opéra ; mais je veux auparavant qu'elle se fasse dans le monde ; car il n'en faut là que de toutes faites. (*Il s'en va.*)

LA BARONNE.

Je l'attends avec impatience.

SCÈNE II

LA BARONNE, *seule.*

Cette fille-là me sera d'un grand agrément ; elle me divertira par ses chansons, au lieu que l'autre ne faisait que me chagriner par sa morale.

SCÈNE III

LA BARONNE, M. TURCARET.

LA BARONNE, *apercevant M. Turcaret, à elle-même.*

Mais je vois M. Turcaret : ah ! qu'il paraît agité ! Marine l'aura été trouver.

M. TURCARET, *essoufflé.*

Ouf ! je ne sais par où commencer, perfide !

LA BARONNE, *bas, à elle-même.*

Elle lui a parlé.

M. TURCARET.

J'ai appris de vos nouvelles, déloyale ! j'ai appris de vos nouvelles ; on vient de me rendre compte de vos perfidies, de votre dérangement.

LA BARONNE, *haut.*

Le début est agréable; et vous employez de fort jolis termes, monsieur.

M. TURCARET.

Laissez-moi parler, je veux vous dire vos vérités; Marine me les a dites. Ce beau chevalier, qui vient ici à toute heure, et qui ne m'était pas suspect sans raison, n'est pas votre cousin, comme vous me l'avez fait accroire : vous avez des vues pour l'épouser et pour me planter là, moi, quand j'aurai fait votre fortune.

LA BARONNE.

Moi, monsieur, j'aimerais le chevalier!

M. TURCARET.

Marine me l'a assuré, et qu'il ne faisait figure dans le monde qu'aux dépens de votre bourse et de la mienne, et que vous lui sacrifiiez tous les présents que je vous fais.

LA BARONNE.

Marine est une jolie personne! Ne vous a-t-elle dit que cela, monsieur?

M. TURCARET.

Ne me répondez point, félonne! j'ai de quoi vous confondre; ne me répondez point. Parlez : qu'est devenu, par exemple, ce gros brillant que je vous donnai l'autre jour? Montrez-le tout à l'heure, montrez-le-moi.

LA BARONNE.

Puisque vous le prenez sur ce ton-là, monsieur, je ne veux pas vous le montrer.

M. TURCARET.

Hé! sur quel ton, morbleu, prétendez-vous

donc que je le prenne? Oh! vous n'en serez pas quitte pour des reproches! Ne croyez pas que je sois assez sot pour rompre avec vous sans éclat. Je suis honnête homme, j'aime de bonne foi, je n'ai que des vues légitimes; je ne crains pas le scandale, moi! Ah! vous n'avez point affaire à un abbé.

LA BARONNE.

Non; j'ai affaire à un extravagant, à un possédé. Oh bien! faites, monsieur, faites tout ce qu'il vous plaira, je ne m'y opposerai point, je vous assure.

M. TURCARET.

Allons, ce billet au porteur, que je vous ai tantôt envoyé, qu'on me le rende.

LA BARONNE.

Que je vous le rende! et si je l'ai aussi donné au chevalier?

M. TURCARET.

Ah! si je le croyais!

LA BARONNE.

Que vous êtes fou! En vérité, vous me faites pitié.

M. TURCARET.

Comment donc! au lieu de se jeter à mes genoux et de me demander grâce, encore dit-elle que j'ai tort, encore dit-elle que j'ai tort!

LA BARONNE.

Sans doute.

M. TURCARET.

Ah! vraiment, je voudrais bien, par plaisir, que vous entreprissiez de me persuader cela!

LA BARONNE.

Je le ferais, si vous étiez en état d'entendre raison.

M. TURCARET.

Et que me pourriez-vous dire, traîtresse?

LA BARONNE.

Je ne vous dirai rien. Ah! quelle fureur!

M. TURCARET, *essoufflé*.

Eh bien, parlez, madame, parlez; je suis de
sang-froid.

LA BARONNE.

Écoutez-moi donc. Toutes les extravagances
que vous venez de faire sont fondées sur un
faux rapport que Marine...

M. TURCARET.

Un faux rapport! ventrebleu! ce n'est point...

LA BARONNE.

Ne jurez pas, monsieur, ne m'interrompez
pas; songez que vous êtes de sang-froid.

M. TURCARET.

Je me tais : il faut que je me contraigne.

LA BARONNE.

Savez-vous bien pourquoi je viens de chasser Marine?

M. TURCARET.

Oui, pour avoir pris trop chaudement mes
intérêts.

LA BARONNE.

Tout au contraire; c'est à cause qu'elle me
reprochait sans cesse l'inclination que j'avais
pour vous. « Est-il rien de si ridicule, me di-
sait-elle à tous moments, que de voir la veuve
d'un colonel songer à un monsieur Turcaret,
un homme sans naissance, sans esprit, de la
mine la plus basse... »

M. TURCARET.

Passons, s'il vous plaît, sur les qualités :
cette Marine-là est une impudente.

LA BARONNE.

« Pendant que vous pouvez choisir un époux
entre vingt personnes de la première qualité ;
lorsque vous refusez votre aveu même aux
pressantes instances de toute la famille d'un
marquis dont vous êtes adorée, et que vous
avez la faiblesse de sacrifier à ce monsieur
Turcaret ? »

M. TURCARET.

Cela n'est pas possible.

LA BARONNE.

Je ne prétends pas m'en faire un mérite,
monsieur. Ce marquis est un jeune seigneur,
fort agréable de sa personne, mais dont les
mœurs et la conduite ne me conviennent
point. Il vient ici quelquefois avec mon cousin
le chevalier, son ami. J'ai découvert qu'il avait
gagné Marine, et c'est pour cela que je l'ai
congédiée. Elle a été vous débiter mille im-
postures pour se venger, et vous êtes assez
crédule pour y ajouter foi ! Ne deviez-vous
pas, dans le moment, faire réflexion que c'é-
tait une servante passionnée qui vous parlait,
et que, si j'avais eu quelque chose à me reprocher, je n'aurais pas été assez imprudente pour
chasser une fille dont j'avais à craindre l'in-
discrétion ? Cette pensée, dites-moi, ne se pré-
sente-t-elle pas naturellement à l'esprit ?

M. TURCARET.

J'en demeure d'accord ; mais...

LA BARONNE.

Mais, vous avez tort. Elle vous a donc dit,
entre autres choses, que je n'avais plus ce
gros brillant qu'en badinant vous me mîtes
l'autre jour au doigt, et que vous me forçâtes
d'accepter ?

M. TURCARET.

Oh ! oui ; elle m'a juré que vous l'avez donné aujourd'hui au chevalier, qui est, dit-elle, votre parent comme Jean de Vert.

LA BARONNE.

Et si je vous montrais tout à l'heure ce même diamant, que diriez-vous ?

M. TURCARET.

Oh ! je dirais, en ce cas-là, que... Mais cela ne se peut pas.

LA BARONNE.

Le voilà, monsieur ; le reconnaissez-vous ? Voyez le fond que l'on doit faire sur le rapport de certains valets.

M. TURCARET.

Ah ! que cette Marine-là est une grande scélérate ! Je reconnais sa friponnerie et mon injustice ; pardonnez-moi, madame, d'avoir soupçonné votre bonne foi.

LA BARONNE.

Non, vos fureurs ne sont point excusables : allez, vous êtes indigne de pardon.

M. TURCARET.

Je l'avoue.

LA BARONNE.

Fallait-il vous laisser si facilement prévenir contre une femme qui vous aime avec trop de tendresse ?

M. TURCARET.

Hélas, non ! Que je suis malheureux !

LA BARONNE.

Convenez que vous êtes un homme bien faible.

M. TURCARET.

Oui, madame.

LA BARONNE.

Une franche dupe.

M. TURCARET.

J'en conviens. Ah! Marine! coquine de Marine! Vous ne sauriez vous imaginer tous les mensonges que cette pendarde-là m'est venue conter : elle m'a dit que vous et M. le chevalier vous me regardiez comme votre vache à lait; et que si, aujourd'hui pour demain, je vous avais tout donné, vous me feriez fermer votre porte au nez.

LA BARONNE.

La malheureuse!

M. TURCARET.

Elle me l'a dit, c'est un fait constant; je n'invente rien, moi.

LA BARONNE.

Et vous avez eu la faiblesse de la croire un seul moment!

M. TURCARET.

Oui, madame, j'ai donné là-dedans comme un franc sot : où diable avais-je l'esprit?

LA BARONNE.

Vous repentez-vous de votre crédulité?

M. TURCARET.

Si je m'en repens! (*Se mettant à genoux.*) Je vous demande mille pardons de ma colère.

LA BARONNE.

On vous la pardonne : levez-vous, monsieur. Vous auriez moins de jalousie si vous aviez moins d'amour; et l'excès de l'un fait oublier la violence de l'autre.

M. TURCARET, *se levant*.

Quelle bonté! Il faut avouer que je suis un grand brutal!

LA BARONNE.

Mais sérieusement, monsieur, croyez-vous qu'un cœur puisse balancer un instant entre vous et le chevalier?

M. TURCARET.

Non, madame, je ne le crois pas; mais je le crains.

LA BARONNE.

Que faut-il faire pour dissiper vos craintes?

M. TURCARET.

Éloigner d'ici cet homme-là; consentez-y, madame : j'en sais les moyens.

LA BARONNE.

Et quels sont-ils?

M. TURCARET.

Je lui donnerai une direction en province.

LA BARONNE.

Une direction!

M. TURCARET.

C'est ma manière d'écarter les incommodes. Ah! combien de cousins, d'oncles et de maris, j'ai faits directeurs en ma vie! J'en ai envoyé jusqu'en Canada.

LA BARONNE.

Mais vous ne songez pas que mon cousin le chevalier est homme de condition, et que ces sortes d'emplois ne lui conviennent pas. Allez, sans vous mettre en peine de l'éloigner de Paris, je vous jure que c'est l'homme du monde qui doit vous causer le moins d'inquiétude.

M. TURCARET.

Ouf! j'étouffe d'amour et de joie; vous me dites cela d'une manière si naïve, que vous me le persuadez.

LA BARONNE.

Oublions le passé; il faut que je vous fasse une prière.

M. TURCARET.

Une prière? Oh! donnez vos ordres.

LA BARONNE.

Faites avoir une commission, pour l'amour de moi, à ce pauvre Flamand, votre laquais; c'est un garçon pour qui j'ai pris de l'amitié.

M. TURCARET.

Je l'aurais déjà poussé, si je lui avais trouvé quelque disposition; mais il a l'esprit trop bonasse; cela ne vaut rien pour les affaires.

LA BARONNE.

Donnez-lui un emploi qui ne soit pas difficile à exercer.

M. TURCARET.

Il en aura dès aujourd'hui; cela vaut fait.

LA BARONNE.

Ce n'est pas tout : je veux mettre auprès de vous Frontin, le laquais de mon cousin le chevalier; c'est aussi un très-bon enfant.

M. TURCARET.

Je le prends, madame, et vous promets de le faire commis au premier jour.

SCÈNE IV

LA BARONNE, M. TURCARET, FRONTIN.

FRONTIN.

Madame, vous allez bientôt avoir la fille dont je vous ai parlé.

LA BARONNE, *à M. Turcaret.*

Monsieur, voilà le garçon que je veux vous donner.

M. TURCARET, *à la baronne.*

Il paraît un peu innocent.

LA BARONNE.

Que vous vous connaissez bien en physiono-mies!

M. TURCARET.

J'ai le coup d'œil infaillible. (*A Frontin.*) Approche, mon ami : dis-moi un peu, as-tu déjà quelques principes?

FRONTIN, *à M. Turcaret.*

Qu'appelez-vous des principes?

M. TURCARET.

Des principes de commis, c'est-à-dire si tu sais comment on peut empêcher les fraudes ou les favoriser?

FRONTIN.

Pas encore, monsieur; mais je sens que j'apprendrai cela fort facilement.

M. TURCARET.

Tu sais du moins l'arithmétique; tu sais faire des comptes à parties simples?

FRONTIN.

Oh! oui, monsieur; je sais même faire des parties doubles : j'écris aussi de deux écritures, tantôt de l'une, tantôt de l'autre.

M. TURCARET.

De la ronde, n'est-ce pas?

FRONTIN.

De la ronde, de l'oblique.

M. TURCARET.

Comment, de l'oblique?

FRONTIN.

Hé! oui, d'une écriture que vous connaissez; là, d'une certaine écriture qui n'est pas légitime.

M. TURCARET, *à la baronne.*

Il veut dire de la bâtarde.

FRONTIN.

Justement; c'est ce mot-là que je cherchais.

M. TURCARET.

Quelle ingénuité! Ce garçon-là, madame, est bien niais.

LA BARONNE.

Il se déniaisera dans vos bureaux.

M. TURCARET.

Oh! qu'oui, madame, oh! qu'oui; d'ailleurs, un bel esprit n'est pas nécessaire pour faire son chemin. Hors moi et deux ou trois autres, il n'y a parmi nous que des génies assez communs : il suffit d'un certain usage, d'une routine que l'on ne manque guère d'attraper. Nous voyons tant de gens! Nous nous étudions à prendre ce que le monde a de meilleur; voilà toute notre science.

LA BARONNE.

Ce n'est pas la plus inutile de toutes.

M. TURCARET, *à Frontin.*

Oh! çà, mon ami, tu es à moi, et tes gages courent dès ce moment.

FRONTIN.

Je vous regarde donc, monsieur, comme mon nouveau maître; mais, en qualité d'ancien laquais de M. le chevalier, il faut que je m'acquitte d'une commission dont il m'a chargé : il vous donne, et à madame sa cousine, à souper ici ce soir.

M. TURCARET.

Très-volontiers.

FRONTIN.

Je vais ordonner chez Fites toutes sortes de ragoûts, avec vingt-quatre bouteilles de vin de Champagne ; et, pour égayer le repas, vous aurez des voix et des instruments.

LA BARONNE.

De la musique, Frontin ?

FRONTIN.

Oui, madame ; à telles enseignes que j'ai ordre de commander cent bouteilles de vin de Suresnes pour abreuver la symphonie.

LA BARONNE.

Cent bouteilles !

FRONTIN.

Ce n'est pas trop, madame ; il y aura huit concertants, quatre Italiens de Paris, trois chanteuses et deux gros chantres.

M. TURCARET, *à la baronne.*

Il a, ma foi, raison, ce n'est pas trop. Ce repas sera fort joli.

FRONTIN, *à M. Turcaret.*

Oh ! diable, quand M. le chevalier donne des soupers comme cela, il n'épargne rien, monsieur.

M. TURCARET.

J'en suis persuadé.

FRONTIN.

Il semble qu'il ait à sa disposition la bourse d'un partisan.

LA BARONNE, *à M. Turcaret.*

Il veut dire qu'il fait les choses fort magnifiquement.

M. TURCARET, *à la baronne.*

Qu'il est ingénu! (*A Frontin.*) Eh bien, nous verrons cela tantôt. (*A la baronne.*) Et, pour surcroît de réjouissance, j'amènerai ici M. Gloutonneau, le poëte; aussi bien, je ne saurais manger si je n'ai quelque bel esprit à ma table.

LA BARONNE.

Vous me ferez plaisir. Cet auteur, apparemment, est fort brillant dans la conversation?

M. TURCARET.

Il ne dit pas quatre paroles dans un repas; mais il mange et pense beaucoup : peste! c'est un homme bien agréable... Oh! çà, je cours chez Dautel vous acheter une caisse de porcelaines de Saxe d'une beauté...

LA BARONNE.

Prenez garde à ce que vous ferez, je vous en prie; ne vous jetez point dans une dépense...

M. TURCARET.

Hé fi, madame, fi! vous vous arrêtez à des minuties. Sans adieu, ma reine.   (*Il sort.*)

LA BARONNE.

J'attends votre retour impatiemment.

SCÈNE V

LA BARONNE, FRONTIN.

LA BARONNE.

Enfin, te voilà en train de faire ta fortune.

FRONTIN.

Oui, madame, et en état de ne pas nuire à la vôtre.

LA BARONNE.

C'est à présent, Frontin, qu'il faut donner l'essor à ce génie supérieur...

FRONTIN.

On tâchera de vous prouver qu'il n'est pas
médiocre.

LA BARONNE.

Quand m'amènera-t-on cette fille?

FRONTIN.

Je l'attends; je lui ai donné rendez-vous ici.

LA BARONNE.

Tu m'avertiras quand elle sera venue.

(Elle entre dans une autre chambre.)

SCÈNE VI

FRONTIN, *seul.*

Courage, Frontin, courage, mon ami; la
fortune t'appelle : te voilà placé chez un
homme d'affaires par le canal d'une coquette.
Quelle joie! l'agréable perspective! Je m'imagine que toutes les choses que je vais toucher vont se convertir en or... Mais j'aperçois
ma pupille.

SCÈNE VII

LISETTE, FRONTIN.

FRONTIN.

Tu sois la bienvenue, Lisette! on t'attend
avec impatience dans cette maison.

LISETTE.

J'y entre avec une satisfaction dont je tire
un bon augure.

FRONTIN.

Je t'ai mise au fait sur tout ce qui s'y passe,
et surtout ce qui s'y doit passer; tu n'as qu'à
te régler là-dessus : souviens-toi seulement

qu'il faut avoir une complaisance infatigable.

LISETTE.

Il n'est pas besoin de me recommander cela.

FRONTIN.

Flatte sans cesse l'entêtement que la baronne a pour le chevalier; c'est là le point.

LISETTE.

Tu me fatigues de leçons inutiles.

SCÈNE VIII

LISETTE, FRONTIN, LE CHEVALIER
dans le fond.

FRONTIN, *apercevant le chevalier.*

Le voici qui vient.

LISETTE, *à Frontin.*

Je ne l'avais pas encore vu. Ah! qu'il est bien fait, Frontin!

FRONTIN.

Il ne faut pas être mal bâti pour donner de l'amour à une coquette.

LE CHEVALIER, *s'approchant.*

Je te rencontre à propos, Frontin, pour t'apprendre... (*Apercevant Lisette.*) Mais que vois-je? Quelle est cette beauté brillante?

FRONTIN, *au chevalier.*

C'est une fille que je donne à madame la baronne pour remplacer Marine.

LE CHEVALIER.

Et c'est sans doute une de tes amies?

FRONTIN.

Oui, monsieur; il y a longtemps que nous nous connaissons; je suis son répondant.

LE CHEVALIER.

Bonne caution! c'est faire son éloge en un mot. Elle est, parbleu, charmante. Monsieur le répondant, je me plains de vous.

FRONTIN.

D'où vient?

LE CHEVALIER.

Je me plains de vous, vous dis-je; vous savez toutes mes affaires, et vous me cachez les vôtres; vous n'êtes pas un ami sincère.

FRONTIN.

Je n'ai pas voulu, monsieur...

LE CHEVALIER.

La confiance pourtant doit être réciproque; pourquoi m'avoir fait mystère d'une si belle découverte?

FRONTIN.

Ma foi, monsieur, je craignais...

LE CHEVALIER.

Quoi?

FRONTIN.

Oh! monsieur, que diable! vous m'entendez de reste.

LE CHEVALIER.

Le maraud! (*A Lisette.*) Où a-t-il été déterrer ce petit minois-là? Ah! la piquante représentation! l'adorable grisette!

LISETTE, *à part.*

Que les jeunes seigneurs sont honnêtes!

LE CHEVALIER.

Non, je n'ai jamais rien vu de si beau que cette créature-là.

LISETTE, *à part.*

Que leurs expressions sont flatteuses! Je ne

m'étonne plus que les femmes les courent.

LE CHEVALIER, *à Frontin.*

Faisons un troc, Frontin : cède-moi cette fille-là, et je t'abandonne ma vieille comtesse.

FRONTIN.

Non, monsieur : j'ai les inclinations roturières; je m'en tiens à Lisette, à qui j'ai donné ma foi.

LE CHEVALIER.

Va, tu peux te vanter d'être le plus heureux faquin... Oui, belle Lisette, vous méritez...

LISETTE.

Trêve de douceurs, monsieur le chevalier; je vais me présenter à ma maîtresse, qui ne m'a point encore vue; vous pouvez venir, si vous voulez, continuer devant elle la conversation.

SCÈNE IX

LE CHEVALIER, FRONTIN.

LE CHEVALIER.

Parlons de choses sérieuses, Frontin. Je n'apporte point à la baronne l'argent de son billet.

FRONTIN.

Tant pis.

LE CHEVALIER.

J'ai été chercher un usurier qui m'a déjà prêté de l'argent; mais il n'est plus à Paris: des affaires qui lui sont survenues l'ont obligé d'en sortir brusquement; ainsi, je vais te charger du billet.

FRONTIN.

Pourquoi?

LE CHEVALIER.

Ne m'as-tu pas dit que tu connaissais un agent de change qui te donnerait de l'argent à l'heure même?

FRONTIN.

Cela est vrai; mais que direz-vous à madame la baronne? Si vous lui dites que vous avez encore son billet, elle verra bien que nous n'avions pas mis son brillant en gage; car, enfin, elle n'ignore pas qu'un homme qui prête ne se dessaisit pas pour rien de son nantissement.

LE CHEVALIER.

Tu as raison. Aussi suis-je d'avis de lui dire que j'ai touché l'argent, qu'il est chez moi, et que demain matin tu le feras apporter ici. Pendant ce temps-là, cours chez ton agent de change, et fais porter au logis l'argent que tu en recevras; je vais t'y attendre, aussitôt que j'aurai parlé à la baronne.

(*Il entre dans la chambre de la baronne.*)

SCÈNE X

FRONTIN, *seul.*

Je ne manque pas d'occupation, Dieu merci. Il faut que j'aille chez le traiteur; de là, chez l'agent de change; de chez l'agent de change au logis; et puis il faudra que je revienne ici joindre M. Turcaret. Cela s'appelle, ce me semble, une vie assez agissante; mais patience, après quelque temps de fatigue et de peine, je parviendrai enfin à un état d'aise : alors quelle satisfaction! quelle tranquillité d'esprit! je n'aurai plus que ma conscience à mettre en repos.

ACTE TROISIÈME

LA BARONNE, FRONTIN, LISETTE.

LA BARONNE.

Eh bien, Frontin, as-tu commandé le souper? Fera-t-on grande chère?

FRONTIN, *à la baronne.*

Je vous en réponds, madame. Demandez à Lisette de quelle manière je régale pour mon compte, et jugez par là de ce que je sais faire lorsque je régale aux dépens des autres.

LISETTE.

Il est vrai, madame; vous pouvez vous en fier à lui.

FRONTIN.

M. le chevalier m'attend : je vais lui rendre compte de l'arrangement de son repas, et puis je viendrai prendre possession de M. Turcaret, mon nouveau maître.

SCÈNE II

LA BARONNE, LISETTE.

LISETTE.

Ce garçon-là est un garçon de mérite, madame.

LA BARONNE.

Il paraît que vous n'en manquez pas, vous, Lisette.

LISETTE.

Il a beaucoup de savoir-faire.

LA BARONNE.

Je ne vous crois pas moins habile.

LISETTE.

Je serais bien heureuse, madame, si mes petits talents pouvaient vous être utiles.

LA BARONNE.

Je suis contente de vous; mais j'ai un avis à vous donner : je ne veux pas qu'on me flatte.

LISETTE.

Je suis ennemie de la flatterie.

LA BARONNE.

Surtout, quand je vous consulterai sur des choses qui me regarderont, soyez sincère.

LISETTE.

Je n'y manquerai pas.

LA BARONNE.

Je vous trouve pourtant trop de complaisance.

LISETTE.

A moi, madame?

LA BARONNE.

Oui; vous ne combattez pas assez les sentiments que j'ai pour le chevalier.

LISETTE.

Eh! pourquoi les combattre? Ils sont si raisonnables!

LA BARONNE.

J'avoue que le chevalier me paraît digne de toute ma tendresse.

LISETTE.

J'en fais le même jugement.

LA BARONNE.

Il a pour moi une passion véritable et con-
stante.

LISETTE.

Un chevalier fidèle et sincère! on n'en voit
guère comme cela.

LA BARONNE.

Aujourd'hui même encore il m'a sacrifié
une comtesse.

LISETTE.

Une comtesse!

LA BARONNE.

Elle n'est pas, à la vérité, dans la première
jeunesse.

LISETTE.

C'est ce qui rend le sacrifice plus beau. Je
connais messieurs les chevaliers : une vieille
dame leur coûte plus qu'une autre à sacrifier.

LA BARONNE.

Il vient de me rendre compte d'un billet que
je lui ai confié. Que je lui trouve de bonne foi!

LISETTE.

Cela est admirable.

LA BARONNE.

Il a une probité qui va jusqu'au scrupule.

LISETTE.

Mais, mais, voilà un chevalier unique en
son espèce!

LA BARONNE.

Taisons-nous, j'aperçois M. Turcaret.

SCÈNE III

LA BARONNE, M. TURCARET, LISETTE.

M. TURCARET.

Je viens, madame... Oh! oh! vous avez une nouvelle femme de chambre.

LA BARONNE.

Oui, monsieur; que vous semble de celle-ci?

M. TURCARET.

Ce qui m'en semble? elle me revient assez; il faudra que nous fassions connaissance.

LISETTE.

La connaissance sera bientôt faite, monsieur.

LA BARONNE, à *Lisette.*

Vous savez qu'on soupe ici; donnez ordre que nous ayons un couvert propre, et que l'appartement soit bien éclairé.

SCÈNE IV

LA BARONNE, M. TURCARET.

M. TURCARET.

Je crois cette fille-là fort raisonnable.

LA BARONNE.

Elle est fort dans vos intérêts, du moins.

M. TURCARET.

Je lui en sais bon gré. Je viens, madame, de vous acheter pour dix mille francs de glaces, de porcelaines et de cristaux : ils sont d'un goût exquis, je les ai choisis moi-même.

LA BARONNE.

Vous êtes universel, monsieur; vous vous connaissez à tout.

M. TURCARET.

Oui, grâce au ciel, et surtout en bâtiments. Vous verrez, vous verrez l'hôtel que je vais faire bâtir.

LA BARONNE.

Quoi! vous allez faire bâtir un hôtel?

M. TURCARET.

J'ai déjà acheté la place, qui contient quatre arpents six perches neuf toises trois pieds et onze pouces. N'est-ce pas là une belle étendue?

LA BARONNE.

Fort belle.

M. TURCARET.

Le logis sera magnifique; je ne veux pas qu'il y manque un zéro, je le ferais plutôt abattre deux ou trois fois.

LA BARONNE.

Je n'en doute pas.

M. TURCARET.

Malepeste! je n'ai garde de faire quelque chose de commun; je me ferais siffler de tous les gens d'affaires.

LA BARONNE.

Assurément.

SCÈNE V

LE MARQUIS, *dans le fond;* LA BARONNE, M. TURCARET.

M. TURCARET, *à la baronne.*

Quel homme entre ici?

LA BARONNE, *à M. Turcaret.*

C'est ce jeune marquis dont je vous ai dit

que Marine avait épousé les intérêts ; je me
passerais bien de ses visites, elles ne me font
aucun plaisir.

LE MARQUIS, *à lui-même*.

Je parie que je ne trouverai point encore ici
le chevalier.

M. TURCARET, *à lui-même, reconnaissant*
le marquis.

Ah ! morbleu ! c'est le marquis de la Tribau-
dière. La fâcheuse rencontre !

LE MARQUIS, *à lui-même*.

Il y a près de deux jours que je le cherche.
(*Apercevant M. Turcaret.*) Eh ! que vois-je !...
oui... non... pardonnez-moi... justement... c'est
lui-même ; c'est M. Turcaret. (*S'approchant.*)
Que faites-vous de cet homme-là, madame ?
Vous le connaissez ! vous empruntez sur gages ? Palsambleu ! il vous ruinera.

LA BARONNE.

Monsieur le marquis...

LE MARQUIS.

Il vous pillera, il vous écorchera, je vous en
avertis. C'est l'usurier le plus vif ! Il vend son
argent au poids de l'or.

M. TURCARET, *bas, à lui-même*.

J'aurais mieux fait de m'en aller.

LA BARONNE.

Vous vous méprenez, monsieur le marquis ;
M. Turcaret passe dans le monde pour un
homme de bien et d'honneur.

LE MARQUIS.

Aussi l'est-il, madame, aussi l'est-il ; il aime
le bien des hommes et l'honneur des femmes :
il a cette réputation-là.

M. TURCARET.

Vous aimez à plaisanter, monsieur le marquis. Il est badin, madame, il est badin; ne le connaissez-vous pas sur ce pied-là?

LA BARONNE, *à M. Turcaret.*

Oui, je comprends bien qu'il badine ou qu'il est mal informé.

LE MARQUIS.

Mal informé, morbleu! Madame, personne ne saurait vous en parler mieux que moi : il a de mes nippes actuellement.

M. TURCARET.

De vos nippes, monsieur? Oh! je ferais bien serment du contraire.

LE MARQUIS.

Ah! parbleu! vous avez raison. Le diamant est à vous à l'heure qu'il est, selon nos conventions; j'ai passé le terme.

LA BARONNE.

Expliquez-moi tous deux cette énigme.

M. TURCARET.

Il n'y a point d'énigme là-dedans, madame; je ne sais ce que c'est.

LE MARQUIS, *à la baronne.*

Il a raison, cela est fort clair, il n'y a point d'énigme. J'eus besoin d'argent il y a quinze mois; j'avais un brillant de cinq cents louis : on m'adressa à M. Turcaret; M. Turcaret me renvoya à un de ses commis, à un certain M. Ra, Ra, Rafle : c'est celui qui tient son bureau d'usure. Cet honnête M. Rafle me prêta sur ma bague onze cent trente-deux livres six sous et quelques deniers; il me prescrivit un temps pour la retirer; je ne suis pas fort exact, moi; le temps est passé, mon diamant est perdu.

M. TURCARET.

Monsieur le marquis, monsieur le marquis, ne me confondez point avec M. Rafle, je vous prie; c'est un fripon que j'ai chassé de chez moi : s'il a fait quelque mauvaise manœuvre, vous avez la voie de la justice. Je ne sais ce que c'est que votre brillant, je ne l'ai jamais vu ni manié.

LE MARQUIS.

Il me venait de ma tante; c'était un des plus beaux brillants; il était d'une netteté, d'une forme, d'une grosseur à peu près comme... (*Il regarde le diamant de la baronne.*) Eh!... le voilà, madame! Vous vous en êtes accommodée avec M. Turcaret, apparemment?

LA BARONNE, *au marquis*.

Autre méprise, monsieur; je l'ai acheté, assez cher même, d'une revendeuse à la toilette.

LE MARQUIS.

Cela vient de lui, madame; il a des revendeuses à sa disposition, et, à ce qu'on dit même, dans sa famille.

M. TURCARET.

Monsieur, monsieur!

LA BARONNE.

Vous êtes insultant, monsieur le marquis.

LE MARQUIS.

Non, madame, mon dessein n'est pas d'insulter; je suis trop serviteur de M. Turcaret, quoiqu'il me traite durement. Nous avons eu autrefois ensemble un petit commerce d'amitié; il était laquais de mon grand-père, il me portait sur ses bras; nous jouions tous les jours ensemble; nous ne nous quittions presque point : le petit ingrat ne s'en souvient plus.

M. TURCARET.

Je me souviens, je me souviens; le passé est passé, je ne songe qu'au présent.

LA BARONNE.

De grâce, monsieur le marquis, changeons de discours. Vous cherchez M. le chevalier?

LE MARQUIS.

Je le cherche partout, madame, aux spectacles, au cabaret, au bal, au lansquenet; je ne le trouve nulle part : ce coquin-là se débauche, il devient libertin.

LA BARONNE.

Je lui en ferai des reproches.

LE MARQUIS.

Je vous en prie. Pour moi, je ne change point; je mène une vie réglée, je suis toujours à table; j'ai du crédit chez les traiteurs, parce que l'on sait que je dois bientôt hériter d'une vieille tante, et que l'on me voit une disposition plus que prochaine à manger sa succession.

LA BARONNE.

Vous n'êtes pas une mauvaise pratique pour les traiteurs.

LE MARQUIS.

Non, madame, ni pour les traitants; n'est-ce pas, monsieur Turcaret? (*A la baronne.*) Ma tante pourtant veut que je me corrige : et, pour lui faire accroire qu'il y a déjà du changement dans ma conduite, je vais la voir dans l'état où je suis; elle sera tout étonnée de me trouver si raisonnable, car elle m'a presque toujours vu ivre.

LA BARONNE.

Effectivement, monsieur le marquis, c'est

une nouveauté de vous voir autrement : vous
avez fait aujourd'hui un excès de sobriété.

LE MARQUIS.

Je soupai hier avec trois des plus jolies
femmes de Paris ; nous avons bu jusqu'au
jour ; et j'ai été faire un petit somme chez
moi, afin de pouvoir me présenter à jeun devant ma tante.

LA BARONNE.

Vous avez bien de la prudence.

LE MARQUIS.

Adieu, ma tout aimable ; dites au chevalier
qu'il se rende un peu à ses amis ; prêtez-le-
nous quelquefois ; ou je viendrai si souvent
ici, que je l'y trouverai. Adieu, monsieur Turcaret ; je n'ai point de rancune au moins ;
touchez là, renouvelons notre ancienne amitié ; mais dites un peu à votre âme damnée,
à ce monsieur Rafle, qu'il me traite plus hu-
mainement la première fois que j'aurai besoin
de lui.

SCÈNE VI

LA BARONNE, M. TURCARET.

M. TURCARET.

Voilà une mauvaise connaissance, madame ;
c'est le plus grand fou et le plus grand menteur que je connaisse.

LA BARONNE.

C'est en dire beaucoup.

M. TURCARET.

Que j'ai souffert pendant cet entretien !

LA BARONNE.

Je m'en suis aperçue.

M. TURCARET.

Je n'aime point les malhonnêtes gens.

LA BARONNE.

Vous avez bien raison.

M. TURCARET.

J'ai été si surpris d'entendre les choses qu'il a dites, que je n'ai pas eu la force de répondre : ne l'avez-vous pas remarqué ?

LA BARONNE.

Vous en avez usé sagement; j'ai admiré votre modération.

M. TURCARET.

Moi, usurier! Quelle calomnie!

LA BARONNE.

Cela regarde plus M. Rafle que vous.

M. TURCARET.

Vouloir faire aux gens un crime de prêter sur gages! Il vaut mieux prêter sur gages que prêter sur rien.

LA BARONNE.

Assurément.

M. TURCARET.

Me venir dire à mon nez que j'ai été laquais de son grand-père! Rien n'est plus faux : je n'ai jamais été que son homme d'affaires.

LA BARONNE.

Quand cela serait vrai : le beau reproche ! Il y a si longtemps! cela est prescrit.

M. TURCARET.

Oui, sans doute.

LA BARONNE.

Ces sortes de mauvais contes ne font aucune impression sur mon esprit; vous êtes trop bien établi dans mon cœur.

M. TURCARET.

C'est trop de grâce que vous me faites.

LA BARONNE.

Vous êtes un homme de mérite.

M. TURCARET.

Vous vous moquez !

LA BARONNE.

Un vrai homme d'honneur.

M. TURCARET.

Oh ! point du tout.

LA BARONNE.

Et vous avez trop l'air et les manières d'une personne de condition, pour pouvoir être soupçonné de ne l'être pas.

SCÈNE VII

LA BARONNE, M. TURCARET, FLAMAND.

FLAMAND.

Monsieur !

M. TURCARET, *à Flamand.*

Que me veux-tu ?

FLAMAND.

Il est là qui vous demande.

M. TURCARET.

Qui ? butor !

FLAMAND.

Ce monsieur que vous savez ; là, ce monsieur... M. Chose.

M. TURCARET.

M. Chose !

FLAMAND.

Hé oui ! ce commis que vous aimez tant.

Drès qu'il vient pour deviser avec vous, tout aussitôt vous faites sortir tout le monde, et ne voulez pas que personne vous écoute.

M. TURCARET.

C'est M. Rafle, apparemment?

FLAMAND.

Oui, tout fin drès, monsieur, c'est lui-même.

M. TURCARET.

Je vais le trouver; qu'il m'attende.

LA BARONNE, *à M. Turcaret.*

Ne disiez-vous pas que vous l'aviez chassé?

M. TURCARET, *à la baronne.*

Oui, et c'est pour cela qu'il vient ici : il cherche à se raccommoder. Dans le fond, c'est un assez bon homme, homme de confiance. Je vais savoir ce qu'il me veut.

LA BARONNE.

Hé! non, non, qu'il vienne ici, monsieur; vous lui parlerez dans cette salle. N'êtes-vous pas ici chez vous?

M. TURCARET.

Vous êtes bien honnête, madame.

LA BARONNE.

Je ne veux point troubler votre conversation; je vous laisse. N'oubliez pas la prière que je vous ai faite en faveur de Flamand.

M. TURCARET.

Mes ordres sont déjà donnés pour cela; vous serez contente.

SCÈNE VIII

M. TURCARET, M. RAFLE.

M. TURCARET.

De quoi est-il question, monsieur Rafle?
Pourquoi me venir chercher jusqu'ici? Ne savez-vous pas bien que, quand on vient chez
les dames, ce n'est pas pour y entendre parler d'affaires?

M. RAFLE.

L'importance de celles que j'ai à vous com-
muniquer doit me servir d'excuse.

M. TURCARET.

Qu'est-ce que c'est donc que ces choses
d'importance?

M. RAFLE.

Peut-on parler ici librement?

M. TURCARET.

Oui, vous le pouvez; je suis le maître.
Parlez.

M. RAFLE, *regardant dans un bordereau.*

Premièrement. Cet enfant de famille à qui
nous prêtâmes, l'année passée, trois mille livres, et à qui je fis faire un billet de neuf
par votre ordre, se voyant sur le point d'être
inquiété pour le payement, a déclaré la chose
à son oncle le président, qui, de concert avec
toute la famille, travaille actuellement à vous
perdre.

M. TURCARET.

Peines perdues que ce travail-là; laissons-
les venir. Je ne prends pas facilement l'épou-
vante.

M. RAFLE, *après avoir regardé dans son bordereau.*

Ce caissier que vous avez cautionné, et qui vient de faire banqueroute de deux cent mille écus...!

M. TURCARET.

C'est par mon ordre qu'il... Je sais où il est.

M. RAFLE.

Mais les procédures se font contre vous; l'affaire est sérieuse et pressante.

M. TURCARET.

On l'accommodera; j'ai pris mes mesures; cela sera réglé demain.

M. RAFLE.

J'ai peur que ce ne soit trop tard.

M. TURCARET.

Vous êtes trop timide. Avez-vous passé chez ce jeune homme de la rue Quincampoix à qui j'ai fait avoir une caisse?

M. RAFLE.

Oui, monsieur. Il veut bien vous prêter vingt mille francs des premiers deniers qu'il touchera, à condition qu'il fera valoir à son profit ce qui pourra lui rester à la compagnie, et que vous prendrez son parti, si l'on vient à s'apercevoir de la manœuvre.

M. TURCARET.

Cela est dans les règles, il n'y a rien de plus juste; voilà un garçon raisonnable. Vous lui direz, monsieur Rafle, que je le protégerai dans toutes ses affaires. Y a-t-il encore quelque chose?

M. RAFLE, *après avoir regardé dans le bordereau.*

Ce grand homme sec, qui vous donna, il y a deux mois, deux mille francs pour une direction que vous lui avez fait avoir à Valogne...

M. TURCARET.

Hé bien?

M. RAFLE.

Il lui est arrivé un malheur.

M. TURCARET.

Quoi?

M. RAFLE.

On a surpris sa bonne foi, on lui a volé quinze mille francs. Dans le fond, il est trop bon.

M. TURCARET.

Trop bon, trop bon! Hé! pourquoi diable s'est-il donc mis dans les affaires? Trop bon, trop bon!

M. RAFLE.

Il m'a écrit une lettre fort touchante, par laquelle il vous prie d'avoir pitié de lui.

M. TURCARET.

Papier perdu, lettre inutile.

M. RAFLE.

Et de faire en sorte qu'il ne soit point révoqué.

M. TURCARET.

Je ferai plutôt en sorte qu'il le soit : l'emploi me reviendra, je le donnerai à un autre pour le même prix.

M. RAFLE.

C'est ce que j'ai pensé comme vous.

M. TURCARET.

J'agirais contre mes intérêts; je mériterais d'être cassé à la tête de la compagnie.

M. RAFLE.

Je ne suis pas plus sensible que vous aux plaintes des sots... Je lui ai déjà fait réponse, et lui ai mandé tout net qu'il ne devait point compter sur vous.

M. TURCARET.

Non, parbleu !

M. RAFLE, *regardant dans son bordereau.*

Voulez-vous prendre au denier quatorze cinq mille francs qu'un honnête serrurier de ma connaissance a amassés par son travail et par ses épargnes?

M. TURCARET.

Oui, oui, cela est bon : je lui ferai ce plaisir-là. Allez me le chercher. Je serai au logis dans un quart d'heure; qu'il apporte l'espèce. Allez, allez.

M. RAFLE, *s'en allant, et revenant.*

J'oubliais la principale affaire : je ne l'ai pas mise sur mon agenda.

M. TURCARET.

Qu'est-ce que c'est que cette principale affaire?

M. RAFLE.

Une nouvelle qui vous surprendra fort. Madame Turcaret est à Paris.

M. TURCARET.

Parlez bas, monsieur Rafle, parlez bas.

M. RAFLE.

Je la rencontrai hier dans un fiacre, avec une manière de jeune seigneur dont le visage ne m'est pas tout à fait inconnu, et que je viens de trouver dans cette rue-ci en arrivant.

M. TURCARET.

Vous ne lui parlâtes point?

M. RAFLE.

Non; mais elle m'a fait prier ce matin de
ne vous en rien dire, et de vous faire souvenir seulement qu'il lui est dû quinze mois de
la pension de quatre mille livres que vous lui
donnez pour la tenir en province. Elle ne s'en
retournera point qu'elle ne soit payée.

M. TURCARET.

Oh! ventrebleu, monsieur Rafle, qu'elle le
soit : défaisons-nous promptement de cette
créature-là. Vous lui porterez dès aujour-
d'hui les cinq cents pistoles du serrurier;
mais qu'elle parte dès demain.

M. RAFLE.

Oh! elle ne demandera pas mieux. Je vais
chercher le bourgeois et le mener chez vous.

M. TURCARET.

Vous m'y trouverez.

SCÈNE IX

M. TURCARET, seul.

Malepeste! ce serait une sotte aventure si
madame Turcaret s'avisait de venir en cette
maison; elle me perdrait dans l'esprit de ma
baronne, à qui j'ai fait accroire que j'étais
veuf.

SCÈNE X

M. TURCARET, LISETTE.

LISETTE.

Madame m'a envoyée savoir, monsieur, si vous étiez encore ici en affaires.

M. TURCARET.

Je n'en avais point, mon enfant; ce sont des bagatelles dont de pauvres diables de commis s'embarrassent la tête, parce qu'ils ne sont pas faits pour les grandes choses.

SCÈNE XI

M. TURCARET, FRONTIN, LISETTE.

FRONTIN.

Je suis ravi, monsieur, de vous trouver en conversation avec cette aimable personne : quelque intérêt que j'y prenne, je me garderai bien de troubler un si doux entretien.

M. TURCARET, à Frontin.

Tu ne seras point de trop; approche, Frontin; je te regarde comme un homme tout à moi, et je veux que tu m'aides à gagner l'amitié de cette fille-là.

LISETTE.

Cela ne sera point difficile.

FRONTIN.

Oh! pour cela, non. Je ne sais pas, monsieur, sous quelle heureuse étoile vous êtes né; mais tout le monde a naturellement un grand faible pour vous.

M. TURCARET.

Cela ne vient point de l'étoile, cela vient des
manières.

LISETTE.

Vous les avez si belles, si prévenantes!...

M. TURCARET, *à Lisette.*

Comment le sais-tu?

LISETTE.

Depuis le peu de temps que je suis ici, je
n'entends dire autre chose à madame la baronne.

M. TURCARET.

Tout de bon?

FRONTIN.

Cette femme-là ne saurait cacher sa faiblesse : elle vous aime si tendrement...! Demandez, demandez à Lisette.

LISETTE.

Oh! c'est vous qu'il en faut croire, monsieur Frontin.

FRONTIN, *à Lisette.*

Il est vrai; mais je suis fâché que monsieur
ne réponde pas assez à l'amour que madame
la baronne a pour lui.

M. TURCARET, *à Frontin.*

Je n'y réponds pas!

FRONTIN.

Non, monsieur. Je t'en fais juge, Lisette;
monsieur, avec tout son esprit, fait des fautes
d'attention.

M. TURCARET.

Qu'appelles-tu donc des fautes d'attention?

FRONTIN.

Un certain oubli, certaine négligence... Par exemple, n'est-ce pas une chose honteuse que vous n'ayez pas encore songé à lui faire présent d'un équipage?

LISETTE, *à M. Turcaret.*

Ah! pour cela, monsieur, il a raison : vos commis en donnent bien à leurs maîtresses.

M. TURCARET.

A quoi bon un équipage? N'a-t-elle pas le mien, dont elle dispose quand il lui plaît?

FRONTIN.

Oh! monsieur, avoir un carrosse à soi, ou être obligé d'emprunter ceux de ses amis, cela est bien différent.

LISETTE.

Vous êtes trop dans le monde pour ne le pas connaître : la plupart des femmes sont plus sensibles à la vanité d'avoir un équipage qu'au plaisir même de s'en servir.

M. TURCARET, *à Lisette.*

Oui, je comprends cela.

FRONTIN.

Cette fille-là, monsieur, est de fort bon sens; elle ne parle pas mal au moins.

M. TURCARET.

Je ne te trouve pas si sot non plus que je t'ai cru d'abord, toi, Frontin.

FRONTIN.

Depuis que j'ai l'honneur d'être à votre service, je sens de moment en moment que l'esprit me vient. Oh! je prévois que je profiterai beaucoup avec vous.

M. TURCARET.

Il ne tiendra qu'à toi.

FRONTIN.

Je vous proteste, monsieur, que je ne manque pas de bonne volonté. Je donnerais donc à madame la baronne un bon grand carrosse bien étoffé.

M. TURCARET.

Elle en aura un. Vos réflexions sont justes : elles me déterminent.

FRONTIN.

Je savais bien que ce n'était qu'une faute d'attention.

M. TURCARET.

Sans doute; et, pour marque de cela, je vais, de ce pas, commander un carrosse.

FRONTIN.

Fi donc, monsieur! il ne faut pas que vous paraissiez là-dedans, vous; il ne serait pas honnête que l'on sût dans le monde que vous donnez un carrosse à madame la baronne. Servez-vous d'un tiers, d'une main étrangère, mais fidèle. Je connais deux ou trois selliers qui ne savent point encore que je suis à vous; si vous voulez, je me chargerai du soin...

M. TURCARET.

Volontiers. Tu me parais assez entendu, je m'en rapporte à toi. Voilà soixante pistoles que j'ai de reste dans ma bourse, tu les donneras à compte.

FRONTIN.

Je n'y manquerai pas, monsieur. A l'égard des chevaux, j'ai un maître maquignon qui est mon neveu à la mode de Bretagne; il vous en fournira de fort beaux.

M. TURCARET.

Qu'il me vendra bien cher, n'est-ce pas?

FRONTIN.

Non, monsieur; il vous les vendra en conscience.

M. TURCARET.

La conscience d'un maquignon!

FRONTIN.

Oh! je vous en réponds comme de la mienne.

M. TURCARET.

Sur ce pied-là, je me servirai de lui.

FRONTIN.

Autre faute d'attention.

M. TURCARET.

Oh! va te promener avec tes fautes d'attention. Ce coquin-là me ruinerait à la fin. Tu diras de ma part, à madame la baronne, qu'une affaire, qui sera bientôt terminée, m'appelle au logis.

SCÈNE XII

FRONTIN, LISETTE.

FRONTIN.

Cela ne commence pas mal.

LISETTE.

Non, pour madame la baronne; mais pour nous?

FRONTIN, *lui remettant la bourse.*

Voilà déjà soixante pistoles que nous pouvons garder : je les gagnerai bien sur l'équipage; serre-les : ce sont les premiers fondements de notre communauté.

LISETTE.

Oui; mais il faut promptement bâtir sur ces fondements-là, car je fais des réflexions morales, je t'en avertis.

FRONTIN.

Peut-on les savoir?

LISETTE.

Je m'ennuie d'être soubrette.

FRONTIN.

Comment, diable! tu deviens ambitieuse?

LISETTE.

Oui, mon enfant. Il faut que l'air qu'on respire dans une maison fréquentée par un financier soit contraire à la modestie; car, depuis le peu de temps que j'y suis, il me vient des idées de grandeur que je n'ai jamais eues. Hâte-toi d'amasser du bien; autrement, quelque engagement que nous ayons ensemble, le premier riche faquin qui se présentera pour m'épouser...

FRONTIN.

Mais donne-moi donc le temps de m'enrichir.

LISETTE.

Je te donne trois ans : c'est assez pour un homme d'esprit.

FRONTIN.

Je ne t'en demande pas davantage. C'est assez, ma princesse; je vais ne rien épargner pour vous mériter; et si je manque d'y réussir, ce ne sera pas faute d'attention.

SCÈNE XIII

LISETTE, *seule.*

Je ne saurais m'empêcher d'aimer ce Frontin ; c'est mon chevalier, à moi ; et, au train que je lui vois prendre, j'ai un secret pressentiment qu'avec ce garçon-là je deviendrai quelque jour femme de qualité.

———

ACTE QUATRIÈME

SCÈNE PREMIÈRE

LE CHEVALIER, FRONTIN.

LE CHEVALIER.

Que fais-tu ici? Ne m'avais-tu pas dit que tu retournerais chez ton agent de change? Est-ce que tu ne l'aurais pas encore trouvé au logis?

FRONTIN.

Pardonnez-moi, monsieur; mais il n'était pas en fonds; il n'avait pas chez lui toute la somme; il m'a dit de retourner ce soir. Je vais vous rendre le billet, si vous le voulez.

LE CHEVALIER.

Eh! garde-le; que veux-tu que j'en fasse? La baronne est là-dedans; que fait-elle?

FRONTIN.

Elle s'entretient avec Lisette d'un carrosse que je vais ordonner pour elle, et d'une certaine maison de campagne qui lui plaît, et qu'elle veut louer, en attendant que je lui en fasse faire l'acquisition.

LE CHEVALIER.

Un carrosse, une maison de campagne! quelle folie!

FRONTIN.

Oui; mais tout cela se doit faire aux dépens de M. Turcaret. Quelle sagesse!

LE CHEVALIER.

Cela change la thèse.

FRONTIN.

Il n'y a qu'une chose qui l'embarrassait.

LE CHEVALIER.

Hé quoi?

FRONTIN.

Une petite bagatelle.

LE CHEVALIER.

Dis-moi donc ce que c'est?

FRONTIN.

Il faut meubler cette maison de campagne; elle ne savait comment engager à cela M. Turcaret; mais le génie supérieur qu'elle a placé auprès de lui s'est chargé de ce soin-là.

LE CHEVALIER.

De quelle manière t'y prendras-tu?

FRONTIN.

Je vais chercher un vieux coquin de ma connaissance qui nous aidera à tirer dix mille francs dont nous avons besoin pour nous meubler.

LE CHEVALIER.

As-tu bien fait attention à ton stratagème?

FRONTIN.

Oh! qu'oui, monsieur! C'est mon fort que l'attention : j'ai tout cela dans ma tête; ne vous mettez pas en peine. Un petit acte supposé... un faux exploit...

LE CHEVALIER.

Mais prends-y garde, Frontin; M. Turcaret sait les affaires.

FRONTIN.

Mon vieux coquin les sait encore mieux que lui : c'est le plus habile, le plus intelligent écrivain...

LE CHEVALIER.

C'est autre chose.

FRONTIN.

Il a presque toujours eu son logement dans les maisons du roi, à cause de ses écritures.

LE CHEVALIER.

Je n'ai plus rien à te dire.

FRONTIN.

Je sais où le trouver à coup sûr, et nos machines seront bientôt prêtes; adieu. Voilà M. le marquis qui vous cherche.

(Il sort.)

SCÈNE II

LE MARQUIS, LE CHEVALIER.

LE MARQUIS.

Ah ! palsambleu, chevalier, tu deviens bien rare, on ne te trouve nulle part; il y a vingt-quatre heures que je te cherche pour te consulter sur une affaire de cœur.

LE CHEVALIER.

Eh ! depuis quand te mêles-tu de ces sortes d'affaires, toi?

LE MARQUIS.

Depuis trois ou quatre jours.

LE CHEVALIER.

Et tu m'en fais aujourd'hui la première confidence? Tu deviens bien discret.

LE MARQUIS.

Je me donne au diable si j'y ai songé. Une affaire de cœur ne me tient au cœur que très-faiblement, comme tu sais. C'est une conquête que j'ai faite par hasard, que je conserve par amusement, et dont je me déferai par caprice, ou par raison peut-être.

LE CHEVALIER.

Voilà un bel attachement!

LE MARQUIS.

Il ne faut pas que les plaisirs de la vie nous occupent trop sérieusement. Je ne m'embarrasse de rien, moi; elle m'avait donné son portrait, je l'ai perdu; un autre s'en pendrait, je m'en soucie comme de cela.

LE CHEVALIER.

Avec de pareils sentiments tu dois te faire adorer. Mais dis-moi un peu, qu'est-ce que c'est que cette femme-là?

LE MARQUIS.

C'est une femme de qualité, une comtesse de province; car elle me l'a dit.

LE CHEVALIER.

Eh! quel temps as-tu pris pour faire cette conquête-là? Tu dors tout le jour, et bois toute la nuit ordinairement.

LE MARQUIS.

Oh! non pas, non pas, s'il vous plaît; dans ce temps-ci, il y a des heures de bal : c'est là qu'on trouve de bonnes occasions.

LE CHEVALIER.

C'est-à-dire que c'est une connaissance de bal?

LE MARQUIS.

Justement : j'y allais l'autre jour, un peu chaud de vin ; j'étais en pointe, j'agaçais les jolis masques. J'aperçois une taille, un air de gorge, une tournure de hanches. J'aborde, je prie, je presse, j'obtiens qu'on se démasque ; je vois une personne...

LE CHEVALIER.

Jeune sans doute.

LE MARQUIS.

Non, assez vieille.

LE CHEVALIER.

Mais belle encore, et des plus agréables ?

LE MARQUIS.

Pas trop belle.

LE CHEVALIER.

L'amour, à ce que je vois, ne t'aveugle pas.

LE MARQUIS.

Je rends justice à l'objet aimé.

LE CHEVALIER.

Elle a donc de l'esprit ?

LE MARQUIS.

Ah ! pour de l'esprit, c'est un prodige. Quel flux de pensées ! quelle imagination ! Elle me dit cent extravagances qui me charmèrent.

LE CHEVALIER.

Quel fut le résultat de la conversation ?

LE MARQUIS.

Le résultat ? Je la ramenai chez elle avec sa compagnie ; je lui offris mes services, et la vieille folle les accepta.

LE CHEVALIER.

Tu l'as revue depuis?

LE MARQUIS.

Le lendemain au soir, dès que je fus levé, je me rendis à son hôtel.

LE CHEVALIER.

Hôtel garni apparemment?

LE MARQUIS.

Oui, hôtel garni.

LE CHEVALIER.

Hé bien?

LE MARQUIS.

Hé bien, autre vivacité de conversation, nouvelles folies, tendres protestations de ma part, vives réparties de la sienne. Elle me donna ce maudit portrait que j'ai perdu avant-hier. Je ne l'ai pas revue depuis. Elle m'a écrit, je lui ai fait réponse; elle m'attend aujourd'hui; mais je ne sais ce que je dois faire. Irai-je, ou n'irai-je pas? Que me conseilles-tu? C'est pour cela que je te cherche.

LE CHEVALIER.

Si tu n'y vas pas, cela sera malhonnête.

LE MARQUIS.

Oui; mais si j'y vais aussi, cela paraîtra bien empressé; la conjoncture est délicate. Marquer tant d'empressement, c'est courir après une femme; cela est bien bourgeois; qu'en dis-tu?

LE CHEVALIER.

Pour te donner conseil là-dessus, il faudrait connaître cette personne-là.

LE MARQUIS.

Il faut te la faire connaître. Je veux te donner ce soir à souper chez elle avec la baronne.

LE CHEVALIER.

Cela ne se peut pas pour ce soir; car je donne à souper ici.

LE MARQUIS.

A souper ici! je t'amène ma conquête.

LE CHEVALIER.

Mais la baronne...

LE MARQUIS.

Oh! la baronne s'accommodera fort de cette femme-là; il est bon même qu'elles fassent connaissance : nous ferons quelquefois de petites parties carrées.

LE CHEVALIER.

Mais ta comtesse ne fera-t-elle pas difficulté de venir avec toi tête à tête dans une maison...?

LE MARQUIS.

Des difficultés! Oh! ma comtesse n'est pas difficultueuse; c'est une personne qui sait vivre, une femme revenue des préjugés de l'éducation.

LE CHEVALIER.

Hé bien, amène-la, tu nous feras plaisir.

LE MARQUIS.

Tu en seras charmé, toi. Les jolies manières! Tu verras une femme vive, pétulante, distraite, étourdie, dissipée, et toujours barbouillée de tabac. On ne la prendrait pas pour une femme de province.

LE CHEVALIER.

Tu en fais un beau portrait; nous verrons si tu n'es pas un peintre flatteur.

LE MARQUIS.

Je vais la chercher. Sans adieu, chevalier.

LE CHEVALIER.

Serviteur, marquis.

SCÈNE III

LE CHEVALIER, *seul.*

Cette charmante conquête du marquis est apparemment une comtesse comme celle que j'ai sacrifiée à la baronne.

SCÈNE IV

LA BARONNE, LE CHEVALIER.

LA BARONNE.

Que faites-vous donc là seul, chevalier? Je croyais que le marquis était avec vous?

LE CHEVALIER, *riant.*

Il sort dans le moment, madame... Ha! ha! ha!

LA BARONNE.

De quoi riez-vous donc?

LE CHEVALIER.

Ce fou de marquis est amoureux d'une femme de province, d'une comtesse qui loge en chambre garnie; il est allé la prendre chez elle pour l'amener ici : nous en aurons le divertissement.

LA BARONNE.

Mais, dites-moi, chevalier, les avez-vous priés à souper?

LE CHEVALIER.

Oui, madame; augmentation de convives, surcroît de plaisir : il faut amuser M. Turcaret, le dissiper.

LA BARONNE.

La présence du marquis le divertira mal : vous ne savez pas qu'ils se connaissent, ils ne s'aiment point; il s'est passé tantôt, entre eux, une scène ici...

LE CHEVALIER.

Le plaisir de la table raccommode tout. Ils ne sont peut-être pas si mal ensemble qu'il soit impossible de les réconcilier. Je me charge de cela; reposez-vous sur moi; M. Turcaret est un bon sot...

LA BARONNE.

Taisez-vous, je crois que le voici; je crains qu'il ne vous ait entendu.

SCÈNE V

LA BARONNE, M. TURCARET, LE CHEVALIER.

LE CHEVALIER, *embrassant M. Turcaret.*

Monsieur Turcaret veut bien permettre qu'on l'embrasse, et qu'on lui témoigne la vivacité du plaisir qu'on aura tantôt à se trouver avec lui le verre à la main.

M. TURCARET, *au chevalier.*

Le plaisir de cette vivacité-là... monsieur,

sera... bien réciproque : l'honneur que je reçois d'une part... joint à... la satisfaction que... l'on trouve de l'autre... avec madame, fait, en vérité, que, je vous assure... que... je suis fort aise de cette partie-là.

LA BARONNE, *à M. Turcaret.*

Vous allez, monsieur, vous engager dans des compliments qui embarrasseront aussi M. le chevalier; et vous ne finirez ni l'un ni l'autre.

LE CHEVALIER.

Ma cousine a raison : supprimons la cérémonie, et ne songeons qu'à nous réjouir. Vous aimez la musique ?

M. TURCARET.

Si je l'aime ? Malepeste ! je suis abonné à l'Opéra.

LE CHEVALIER.

C'est la passion dominante des gens du beau monde.

M. TURCARET.

C'est la mienne.

LE CHEVALIER.

La musique remue les passions.

M. TURCARET.

Terriblement. Une belle voix, soutenue d'une trompette, cela jette dans une douce rêverie.

LE CHEVALIER.

Oui, vraiment. Que je suis un grand sot de n'avoir pas songé à cet instrument-là! Oh! parbleu, puisque vous êtes dans le goût des trompettes, je vais moi-même donner ordre...

(*Il va pour sortir.*)

M. TURCARET, *l'arrêtant toujours.*

Je ne souffrirai point cela, monsieur le chevalier; je ne prétends point que, pour une trompette...

LA BARONNE, *bas, à M. Turcaret.*

Laissez-le aller, monsieur.

(*Le chevalier sort.*)

SCÈNE VI

LA BARONNE, M. TURCARET.

LA BARONNE.

Et quand nous pouvons être seuls quelques moments ensemble, épargnons-nous, autant qu'il nous sera possible, la présence des importuns..

M. TURCARET.

Vous m'aimez plus que je ne mérite, madame.

LA BARONNE.

Qui ne vous aimerait pas? Mon cousin le chevalier lui-même a toujours eu un attachement pour vous...

M. TURCARET.

Je lui suis bien obligé.

LA BARONNE.

Une attention pour tout ce qui peut vous plaire.

M. TURCARET.

Il me paraît fort bon garçon.

SCÈNE VII

LA BARONNE, M. TURCARET, LISETTE.

LA BARONNE.

Qu'y a-t-il, Lisette?

LISETTE, *à la baronne.*

Un homme vêtu de gris-noir, avec un rabat
sale et une vieille perruque. (*Bas, à l'oreille de
la baronne.*) Ce sont les meubles de la maison
de campagne.

LA BARONNE.

Qu'on fasse entrer...

SCÈNE VIII

M. FURET, LA BARONNE, M. TURCARET,
FRONTIN, LISETTE.

M. FURET.

Qui de vous deux, mesdames, est la maîtresse de céans?

LA BARONNE, *à M. Furet.*

C'est moi : que voulez-vous?

M. FURET, *à la baronne.*

Je ne répondrai point que, au préalable, je
ne me sois donné l'honneur de vous saluer,
vous, madame, et toute l'honorable compagnie, avec tout le respect dû et requis.

M. TURCARET, *à part.*

Voilà un plaisant original.

LISETTE, *à M. Furet.*

Sans tant de façons, monsieur, dites-nous
au préalable qui vous êtes ?

M. FURET, *à Lisette.*

Je suis huissier à verge, à votre service,
et je me nomme M. Furet.

LA BARONNE.

Chez moi un huissier !

FRONTIN.

Cela est bien insolent.

M. TURCARET, *à la baronne.*

Voulez-vous, madame, que je jette ce drôle-
là par les fenêtres ? Ce n'est pas le premier
coquin que...

M. FURET, *à M. Turcaret.*

Tout beau, monsieur ! d'honnêtes huissiers
comme moi ne sont point exposés à de pareilles aventures. J'exerce mon petit ministère d'une façon si obligeante, que toutes les
personnes de qualité se font un plaisir de recevoir un exploit de ma main. En voici un que
j'aurai, s'il vous plaît, l'honneur (avec votre
permission, monsieur), que j'aurai l'honneur
de présenter respectueusement à madame,
sous votre bon plaisir, monsieur.

LA BARONNE.

Un exploit à moi ! Voyez ce que c'est, Lisette.

LISETTE.

Moi, madame, je n'y connais rien ; je ne
sais lire que des billets doux. Regarde, toi,
Frontin.

FRONTIN, à Lisette.

Je n'entends pas encore les affaires.

M. FURET, à la baronne.

C'est pour une obligation que défunt M. le
aron de Porcandorf, votre époux...

LA BARONNE, à M. Furet.

Feu mon époux, monsieur? Cela ne me re-
arde point; j'ai renoncé à la communauté.

M. TURCARET, à la baronne.

Sur ce pied-là, on n'a rien à vous de-
ander.

M. FURET, à M. Turcaret.

Pardonnez-moi, monsieur, l'acte étant si-
né par madame.

M. TURCARET, à M. Furet.

L'acte est donc solidaire?

M. FURET.

Oui, monsieur, très-solidaire, et même avec
éclaration d'emploi; je vais vous en lire les
rmes; ils sont énoncés dans l'exploit.

M. TURCARET.

Voyons si l'acte est en bonne forme.

M. FURET, après avoir mis des lunettes, lit.

« Par-devant, etc., furent présents en leurs
personnes haut et puissant George-Guil-
laume de Porcandorf, et dame Agnès-Ilde-
gonde de La Dolinvillière, son épouse, de
lui dûment autorisée à l'effet des présentes,
lesquels ont reconnu devoir à Éloi-Jérôme
Poussif, marchand de chevaux, la somme
de dix mille livres... »

LA BARONNE.

De dix mille livres!

LISETTE.

La maudite obligation!

M. FURET, *continuant à lire.*

« Pour un équipage fourni par ledit Pous-
« sif, consistant en douze mulets, quinze
« chevaux normands sous poil roux, et trois
« bardeaux d'Auvergne, ayant tous crins,
« queues et oreilles et garnis de leurs bâts,
« selles, brides et licols. »

LISETTE.

Brides et licols! Est-ce à une femme de
payer ces sortes de nippes-là?

M. TURCARET, *à Lisette.*

Ne l'interrompons point. (*A M. Furet.*) Ache-
vez, mon ami.

M. FURET, *continuant de lire.*

« Au payement desquelles dix milles livres
« lesdits débiteurs ont obligé, affecté et hy-
« pothéqué généralement leurs biens présents
« et à venir, sans division ni discussion, re-
« nonçant auxdits droits; et, pour l'exécution
« des présentes, ont élu domicile chez Inno-
« cent-Blaise Le Juste, ancien procureur au
« Châtelet, demeurant rue du Bout-du-Monde.
« Fait et passé, etc. »

FRONTIN, *à M. Turcaret.*

L'acte est-il en bonne forme, monsieur?

M. TURCARET, *à Frontin.*

Je n'y trouve rien à redire que la somme.

M. FURET.

Que la somme, monsieur! Oh! il n'y a

rien à redire à la somme, elle est fort bien énoncée.

M. TURCARET.

Cela est chagrinant.

LA BARONNE, *à M. Turcaret.*

Comment, chagrinant! Est-ce qu'il faudra qu'il m'en coûte sérieusement dix mille livres pour avoir signé?

LISETTE, *à la baronne.*

Voilà ce que c'est que d'avoir trop de complaisance pour un mari! Les femmes ne se corrigeront-elles jamais de ce défaut-là?

LA BARONNE.

Quelle injustice! N'y a-t-il pas moyen de revenir contre cet acte-là, monsieur Turcaret?

M. TURCARET, *à la baronne.*

Je n'y vois point d'apparence. Si dans l'acte vous n'aviez pas expressément renoncé aux droits de division et de discussion, nous pourrions chicaner ledit Poussif.

LA BARONNE.

Il faut donc se résoudre à payer, puisque vous m'y condamnez, monsieur; je n'appelle point de vos décisions.

FRONTIN, *à M. Turcaret.*

Quelle déférence on a pour vos sentiments!

LA BARONNE.

Cela m'incommodera un peu; cela dérangera la destination que j'avais faite de certain billet au porteur que vous savez.

LISETTE.

Il n'importe, payons, madame ; ne soute-
nons point un procès contre l'avis de M. Turcaret.

LA BARONNE, *à Lisette.*

Le ciel m'en préserve ! Je vendrais plutôt
mes bijoux et mes meubles.

FRONTIN.

Vendre ses meubles, ses bijoux ! et pour
l'équipage d'un mari encore ! La pauvre
femme !

M. TURCARET.

Non, madame, vous ne vendrez rien ; je
me charge de cette dette-là, j'en fais mon
affaire.

LA BARONNE, *à M. Turcaret.*

Vous vous moquez ; je me servirai de ce
billet, vous dis-je.

M. TURCARET.

Il faut le garder pour un autre usage.

LA BARONNE.

Non, monsieur, non ; la noblesse de votre procédé m'embarrasse plus que l'affaire même.

M. TURCARET.

N'en parlons plus, madame ; je vais tout de
ce pas y mettre ordre.

FRONTIN.

La belle âme !... Suis-nous, sergent, on va
te payer.

LA BARONNE.

Ne tardez pas, au moins ; songez que l'on
vous attend.

M. ·TURCARET.

J'aurai promptement terminé cela, et puis
je reviendrai des affaires aux plaisirs.

SCÈNE IX

LA BARONNE, LISETTE.

LISETTE.

Et nous vous renverrons des plaisirs aux
affaires, sur ma parole. Les habiles fripons
que MM. Furet et Frontin, et la bonne dupe
que M. Turcaret!

LA BARONNE.

Il me paraît qu'il l'est trop, Lisette.

LISETTE.

Effectivement, on·n'a point assez de mérite
à le faire donner dans le panneau.

LA BARONNE.

Sais-tu bien que je commence à le plaindre?

LISETTE.

Mort de ma vie! point de pitié indiscrète :
ne plaignons point un homme qui ne plaint
personne.

LA BARONNE.

Je sens naître malgré moi des scrupules.

LISETTE.

Il faut les étouffer.

LA BARONNE.

J'ai peine à les vaincre.

LISETTE.

Il n'est pas encore temps d'en avoir; et il
vaut mieux sentir quelque jour des remords
pour avoir ruiné un homme d'affaires, que le
regret d'en avoir manqué l'occasion.

SCÈNE X

LA BARONNE, LISETTE, JASMIN.

JASMIN, *à la baronne.*

C'est de la part de madame Dorimène.

LA BARONNE, *à Jasmin.*

Faites entrer.

(Jasmin sort.)

SCÈNE XI

LA BARONNE, LISETTE.

LA BARONNE.

Elle m'envoie peut-être proposer une partie de plaisir; mais...

SCÈNE XII

LA BARONNE, MADAME JACOB, LISETTE.

MADAME JACOB.

Je vous demande pardon, madame, de la
liberté que je prends. Je revends à la toilette, et me nomme madame Jacob. J'ai l'honneur de vendre quelquefois des dentelles et
toutes sortes de pommades à madame Dorimène. Je viens de l'avertir que j'aurai tantôt
un bon hasard; mais elle n'est point en ar-

rent, et elle m'a dit que vous pourriez vous en
accommoder.

LA BARONNE, *à madame Jacob.*

Qu'est-ce que c'est?

MADAME JACOB.

Une garniture de quinze cents livres, que
veut revendre une procureuse; elle ne l'a
mise que deux fois.

LA BARONNE.

Je ne serais pas fâchée de voir cette coif-
fure.

MADAME JACOB.

Je vous l'apporterai dès que je l'aurai, madame; je vous en ferai avoir bon marché.

LISETTE, *à madame Jacob.*

Vous n'y perdrez pas; madame est généreuse.

MADAME JACOB.

Ce n'est pas l'intérêt qui me gouverne; et
j'ai, Dieu merci, d'autres talents que de revendre à la toilette.

LA BARONNE.

J'en suis persuadée.

LISETTE, *à part.*

Vous en avez bien la mine.

MADAME JACOB.

Eh! vraiment, si je n'avais pas d'autre res-
source, comment pourrais-je élever mes enfants aussi honnêtement que je fais? J'ai mon
mari, à la vérité, mais il ne sert qu'à grossir
ma famille, sans m'aider à l'entretenir.

TURCARET.   4

LISETTE.

Il y a bien des maris qui font tout le contraire.

LA BARONNE.

Eh! que faites-vous donc, madame Jacob, pour fournir ainsi toute seule aux dépenses de votre famille?

MADAME JACOB.

Je fais des mariages, ma bonne dame. Il est vrai que ce sont des mariages légitimes, ils ne produisent pas tant que les autres; mais, voyez-vous, je ne veux avoir rien à me reprocher.

LISETTE.

C'est fort bien fait.

MADAME JACOB.

Si madame était dans le goût de se marier, j'ai en main le plus excellent sujet!

LA BARONNE.

Pour moi, madame Jacob?

MADAME JACOB.

C'est un gentilhomme limousin; la bonne pâte de mari! il se laissera mener par une femme comme un Parisien.

LISETTE, *à la baronne.*

Voilà encore un bon hasard, madame.

LA BARONNE.

Je ne me sens point en disposition d'en profiter; je ne veux pas sitôt me marier, je ne suis point encore dégoûtée du monde.

LISETTE.

Oh! bien, je le suis, moi, madame Jacob; mettez-moi sur vos tablettes.

MADAME JACOB, *à Lisette.*

J'ai votre affaire; c'est un gros commis qui
déjà quelque bien, mais peu de protection; .
cherche une jolie femme pour s'en faire.

LISETTE.

Le bon parti! voilà mon fait.

LA BARONNE.

Vous devez être riche, madame Jacob?

MADAME JACOB, *à la baronne.*

Hélas! je devrais faire dans Paris une autre
gure : je devrais rouler carrosse, ma chère
ame, ayant un frère comme j'en ai un dans
s affaires.

LA BARONNE.

Vous avez un frère dans les affaires?

MADAME JACOB.

Et dans les grandes affaires, encore : je suis
eur de M. Turcaret, puisqu'il faut vous le
re; il n'est pas que vous n'en ayez ouï
arler.

LA BARONNE, *d'un air étonné.*

Vous êtes sœur de M. Turcaret?

MADAME JACOB.

Oui, madame, je suis sa sœur de père et
e mère même.

LISETTE, *d'un air étonné.*

M. Turcaret est votre frère, madame
icob?

MADAME JACOB, *à Lisette.*

Oui, mon frère, mademoiselle, mon propre
ère; et je n'en suis pas plus grande dame
ur cela. Je vous vois toutes deux bien

étonnées; c'est sans doute à cause qu'il me laisse prendre toute la peine que je me donne?

LISETTE.

Hé! oui; c'est ce qui fait le sujet de notre étonnement.

MADAME JACOB.

Il fait bien pis, le dénaturé qu'il est : il m'a défendu l'entrée de sa maison, et il n'a pas le cœur d'employer mon époux.

LA BARONNE.

Cela crie vengeance.

LISETTE.

Ah! le mauvais frère!

MADAME JACOB.

Aussi mauvais frère que mauvais mari : n'a-t-il pas chassé sa femme de chez lui?

LA BARONNE.

Ils faisaient donc mauvais ménage?

MADAME JACOB, *à la baronne.*

Ils le font bien encore, madame; ils n'ont ensemble aucun commerce, et ma belle-sœur est en province.

LA BARONNE.

Quoi! M. Turcaret n'est pas veuf?

MADAME JACOB.

Bon! il y a dix ans qu'il est séparé de sa femme, à qui il fait tenir une pension à Valognes, afin de l'empêcher de venir à Paris.

LA BARONNE.

Lisette!

LISETTE, *à la baronne.*

Par ma foi, madame, voilà un méchant homme !

MADAME JACOB.

Oh ! le ciel le punira tôt ou tard, cela ne lui peut manquer ; et j'ai déjà ouï dire dans une maison qu'il y avait du dérangement dans ses affaires.

LA BARONNE, *à madame Jacob.*

Du dérangement dans ses affaires ?

MADAME JACOB.

Hé ! le moyen qu'il n'y en ait pas ? C'est un vieux fou qui a toujours aimé toutes les femmes, hors la sienne ; il jette tout par les fenêtres dès qu'il est amoureux ; c'est un panier percé.

LISETTE, *bas, à elle-même.*

A qui le dit-elle ? Qui le sait mieux que nous ?

MADAME JACOB.

Je ne sais à qui il est attaché présentement ; mais il a toujours quelque demoiselle qui le plume, qui l'attrape ; et il s'imagine les attraper, lui, parce qu'il leur promet de les épouser. N'est-ce pas là un grand sot ? Qu'en dites-vous, madame ?

LA BARONNE, *déconcertée.*

Oui, cela n'est pas tout à fait...

MADAME JACOB.

Oh ! que j'en suis aise ! il le mérite bien, le malheureux ! il le mérite bien. Si je connaissais sa maîtresse, j'irais lui conseiller de le piller, de le manger, de le ronger, de l'abîmer. (*A Lisette.*) N'en feriez-vous pas autant, mademoiselle?

LISETTE.

Je n'y manquerais pas, madame Jacob.

MADAME JACOB, *à la baronne.*

Je vous demande pardon de vous étourdir ainsi de mes chagrins; mais, quand il m'arrive d'y faire réflexion, je me sens si pénétrée, que je ne puis me taire. Adieu, madame; sitôt que j'aurai la garniture, je ne manquerai pas de vous l'apporter.

LA BARONNE.

Cela ne presse pas, madame, cela ne presse pas.

SCÈNE XIII

LA BARONNE, LISETTE.

LA BARONNE.

Eh bien, Lisette!

LISETTE.

Eh bien, madame!

LA BARONNE.

Aurais-tu deviné que M. Turcaret eût eu une sœur revendeuse à la toilette?

LISETTE.

Auriez-vous cru, vous, qu'il eût eu une vraie femme en province?

LA BARONNE.

Le traître! il m'avait assuré qu'il était veuf, et je le croyais de bonne foi.

LISETTE.

Ah! le vieux fourbe!... Mais qu'est-ce donc que cela? qu'avez-vous? Je vous vois toute chagrine; merci de ma vie! vous prenez la chose aussi sérieusement que si vous étiez amoureuse de M. Turcaret.

LA BARONNE.

Quoique je ne l'aime pas, puis-je perdre sans chagrin l'espérance de l'épouser? Le scélérat! il a une femme! Il faut que je rompe avec lui.

LISETTE.

Oui; mais l'intérêt de votre fortune veut que vous le ruiniez auparavant. Allons, madame, pendant que nous le tenons, brusquons son coffre-fort, saisissons ses billets, mettons M. Turcaret à feu et à sang; rendons-le enfin si misérable, qu'il puisse un jour faire pitié même à sa femme, et redevenir frère de madame Jacob.

ACTE CINQUIÈME

SCÈNE PREMIÈRE

LISETTE, *seule*.

La bonne maison que celle-ci pour Frontin et pour moi ! Nous avons déjà soixante pistoles, et il nous en reviendra peut-être autant de l'acte solidaire. Courage ! si nous gagnons souvent de ces petites sommes-là, nous en aurons à la fin une raisonnable.

SCÈNE II

LA BARONNE, LISETTE.

LA BARONNE.

Il me semble que M. Turcaret devrait bien être de retour, Lisette.

LISETTE.

Il faut qu'il lui soit survenu quelque nouvelle affaire...

SCÈNE III

LA BARONNE, LISETTE, FLAMAND.

LISETTE, *apercevant Flamand*.

Mais que nous veut ce monsieur ?

LA BARONNE, *à Lisette*.

Pourquoi laisse-t-on entrer sans avertir ?

FLAMAND.

Il n'y a pas de mal à cela, madame, c'est moi.

LISETTE.

Eh! c'est Flamand, madame! Flamand sans livrée! Flamand l'épée au côté! Quelle métamorphose!

FLAMAND, *à Lisette.*

Doucement, mademoiselle, doucement, on ne doit plus, s'il vous plaît, m'appeler Flamand tout court. Je ne suis plus laquais de M. Turcaret, non! il vient de me faire donner un bon emploi! oui! je suis présentement dans les affaires, dà! et, par ainsi, il faut m'appeler monsieur Flamand, entendez-vous?

LISETTE.

Vous avez raison, monsieur Flamand; puisque vous êtes devenu commis, on ne doit plus vous traiter comme un laquais.

FLAMAND.

C'est à madame que j'en ai l'obligation, et je viens ici tout exprès pour la remercier: c'est une bonne dame, qui a bien de la bonté pour moi, de m'avoir fait bailler une bonne commission qui me vaudra bien cent bons écus par chacun an, et qui est dans un bon pays encore; car c'est à Falaise, qui est une si bonne ville, et où il y a, dit-on, de si bonnes gens.

LISETTE.

Il y a bien du bon dans tout cela, monsieur Flamand.

FLAMAND.

Je suis capitaine-concierge de la porte de

Guibray ; j'aurai les clefs, et pourrai faire entrer et sortir tout ce qu'il me plaira ; l'on m'a dit que c'était un bon droit que celui-là.

LISETTE.

Peste !

FLAMAND.

Oh ! ce qu'il a de meilleur, c'est que cet emploi-là porte bonheur à ceux qui l'ont ; car ils s'y enrichissent tretous. M. Turcaret a, dit-on, commencé par là.

LA BARONNE.

Cela est bien glorieux pour vous, monsieur Flamand, de marcher ainsi sur les pas de votre maître.

LISETTE.

Et nous vous exhortons, pour votre bien, à être honnête homme comme lui.

FLAMAND, *à la baronne.*

Je vous envoierai, madame, de petits présents de fois à autre.

LA BARONNE.

Non, mon pauvre Flamand, je ne te demande rien.

FLAMAND.

Oh ! que si fait ! Je sais bien comme les commis en usont avec les demoiselles qui les plaçont ; mais tout ce que je crains, c'est d'être révoqué ; car dans les commissions on est grandement sujet à ça, voyez-vous !

LISETTE.

Cela est désagréable.

FLAMAND.

Par exemple, le commis que l'on révoque

aujourd'hui pour me mettre à sa place a eu
cet emploi-là par le moyen d'une certaine
dame que M. Turcaret a aimée, et qu'il n'aime
plus. Prenez bien garde, madame, de me faire
révoquer aussi.

LA BARONNE.

J'y donnerai toute mon attention, monsieur
Flamand.

FLAMAND.

Je vous prie de plaire toujours à M. Turcaret, madame.

LA BARONNE.

J'y ferai tout mon possible, puisque vous
y êtes intéressé.

FLAMAND.

Mettez toujours de ce beau rouge pour lui
donner dans la vue.

LISETTE, repoussant Flamand.

Allez, monsieur le capitaine-concierge, allez
à votre porte de Guibray. Nous savons ce que
nous avons à faire, oui; nous n'avons pas
besoin de vos conseils, non; vous ne serez
jamais qu'un sot: c'est moi qui vous le dis,
dà; entendez-vous ?

SCÈNE IV

LA BARONNE, LISETTE.

LA BARONNE.

Voilà le garçon le plus ingénu...

LISETTE.

Il y a pourtant longtemps qu'il est laquais;
il devrait bien être déniaisé.

SCÈNE V

LA BARONNE, LISETTE, JASMIN.

JASMIN, *à la baronne.*

C'est M. le marquis avec une grosse et grande madame.

(Il sort.)

SCÈNE VI

LA BARONNE, LISETTE.

LA BARONNE.

C'est sa belle conquête; je suis curieuse de la voir.

LISETTE.

Je n'en ai pas moins d'envie que vous; je m'en fais une image...

SCÈNE VII

LA BARONNE, LE MARQUIS, Madame TURCARET, LISETTE.

LE MARQUIS.

Je viens, ma charmante baronne, vous présenter une aimable dame, la plus spirituelle, la plus galante, la plus amusante personne... Tant de bonnes qualités, qui vous sont communes, doivent vous lier d'estime et d'amitié.

LA BARONNE, *au marquis.*

Je suis très-disposée à cette union... (*Bas,*

à *Lisette*.) C'est l'original du portrait que le chevalier m'a sacrifié.

MADAME TURCARET, *à la baronne*.

Je crains, madame, que vous ne perdiez bientôt ces bons sentiments. Une personne du grand monde, du monde brillant, comme vous, trouvera peu d'agréments dans le commerce d'une femme de province.

LA BARONNE.

Ah! vous n'avez point l'air provincial, madame; et nos dames le plus de mode n'ont pas des manières plus agréables que les vôtres.

· LE MARQUIS.

Ah! palsambleu! non; je m'y connais, madame; et vous conviendrez avec moi, en voyant cette taille et ce visage-là, que je suis le seigneur de France du meilleur goût.

MADAME TURCARET.

Vous êtes trop poli, monsieur le marquis; ces flatteries-là pourraient me convenir en province, où je brille assez, sans vanité. J'y suis toujours à l'affût des modes; on me les envoie toutes dès le moment qu'elles sont inventées, et je puis me vanter d'être la première qui ait porté des pretintailles dans la ville de Valognes.

LISETTE, *bas, à elle-même*.

Quelle folle!

LA BARONNE.

Il est beau de servir de modèle à une ville comme celle-là.

MADAME TURCARET.

Je l'ai mise sur un pied! j'en ai fait un

petit Paris par la belle jeunesse que j'y attire.

LE MARQUIS.

Comment, un petit Paris! Savez-vous bien qu'il faut trois mois de Valognes pour achever un homme de cour?

MADAME TURCARET.

Oh! je ne vis pas comme une dame de campagne, au moins, je ne me tiens point enfermée dans un château, je suis trop faite pour la société. Je demeure en ville, et j'ose dire que ma maison est une école de politesse et de galanterie pour les jeunes gens.

LISETTE, *à madame Turcaret.*

C'est une façon de collège pour toute la basse Normandie.

MADAME TURCARET.

On joue chez moi, on s'y rassemble pour médire; on y lit tous les ouvrages d'esprit qui se font à Cherbourg, à Saint-Lô, à Coutances, et qui valent bien les ouvrages de Vire et de Caen. J'y donne aussi quelquefois des fêtes galantes, des soupers-collations. Nous avons des cuisiniers qui ne savent faire aucun ragoût, à la vérité; mais ils tirent les viandes si à propos, qu'un tour de broche de plus ou de moins, elles seraient gâtées.

LE MARQUIS.

C'est l'essentiel de la bonne chère. Ma foi, vive Valognes pour le rôti!

MADAME TURCARET.

Et pour les bals, nous en donnons souvent. Que l'on s'y divertit! cela est d'une propreté! Les dames de Valognes sont les premières dames du monde pour savoir bien l'art de se masquer, et chacune a son déguisement favori. Devinez quel est le mien.

LISETTE.

Madame se déguise en Amour, peut-être?

MADAME TURCARET.

Oh! pour cela, non.

LA BARONNE.

Vous vous mettez en déesse, apparemment, en Grâce?

MADAME TURCARET.

En Vénus, ma chère, en Vénus.

LE MARQUIS, *à madame Turcaret.*

En Vénus! Ah! madame, que vous êtes bien déguisée!

LISETTE, *bas.*

On ne peut pas mieux.

SCÈNE VIII

LA BARONNE, LE CHEVALIER, LE MARQUIS, MADAME TURCARET, LISETTE.

LE CHEVALIER, *à la baronne.*

Madame, nous aurons tantôt le plus ravissant concert... (*Apercevant madame Turcaret.*) Mais que vois-je!

MADAME TURCARET, *apercevant le chevalier.*

O ciel!

LA BARONNE, *bas, à Lisette.*

Je m'en doutais bien.

LE CHEVALIER.

Est-ce là cette dame dont tu m'as parlé,
marquis?

LE MARQUIS, *au chevalier*.

Oui, c'est ma comtesse. Pourquoi cet étonnement?

LE CHEVALIER.

Oh! parbleu! je ne m'attendais pas à celui-là.

MADAME TURCARET, *bas*.

Quel contre-temps!

LE MARQUIS.

Explique-toi, chevalier : est-ce que tu con-
naîtrais ma comtesse?

LE CHEVALIER.

Sans doute : il y a huit jours que je suis en
liaison avec elle.

LE MARQUIS.

Qu'entends-je? Ah! l'infidèle! l'ingrate!

LE CHEVALIER.

Et, ce matin même, elle a eu la bonté de
m'envoyer son portrait.

LE MARQUIS.

Comment, diable! elle a donc des portraits
à donner à tout le monde?

SCÈNE IX

MADAME JACOB, LA BARONNE, LE CHEVA-
LIER, LE MARQUIS, MADAME TURCARET,
LISETTE.

MADAME JACOB, *à la baronne.*

Madame, je vous apporte la garniture que
j'ai promis de vous faire voir.

LA BARONNE.

Que vous prenez mal votre temps, madame
Jacob! vous me voyez en compagnie...

MADAME JACOB.

Je vous demande pardon, madame, je reviendrai une autre fois... Mais qu'est-ce que
je vois? Ma belle-sœur ici! madame Turcaret!

LE CHEVALIER.

Madame Turcaret!

LA BARONNE.

Madame Turcaret!

LISETTE.

Madame Turcaret!

LE MARQUIS.

Le plaisant incident!

MADAME JACOB, *à madame Turcaret.*

Par quelle aventure, madame, vous rencon-
tré-je en cette maison?

MADAME TURCARET, *bas, à part.*

Payons de hardiesse. (*Haut, à madame Jacob.*)
Je ne vous connais pas, ma bonne.

MADAME JACOB.

Vous ne connaissez pas madame Jacob? Tredame! est-ce à cause que depuis dix ans vous êtes séparée de mon frère, qui n'a pu vivre avec vous, que vous feignez de ne me pas connaître?

LE MARQUIS.

Vous n'y pensez pas, madame Jacob; savez-vous bien que vous parlez à une comtesse?

MADAME JACOB, *au marquis.*

A une comtesse! Eh! dans quel lieu, s'il vous plaît, est sa comté? Ah! vraiment, j'aime assez ces gros airs-là!

MADAME TURCARET.

Vous êtes une insolente, m'amie.

MADAME JACOB, *à madame Turcaret.*

Une insolente! moi, je suis une insolente! Jour de Dieu! ne vous y jouez pas: s'il ne tient qu'à dire des injures, je m'en acquitterai aussi bien que vous.

MADAME TURCARET.

Oh! je n'en doute pas : la fille d'un maréchal de Domfront ne doit point demeurer en reste de sottises.

MADAME JACOB.

La fille d'un maréchal! Pardi! voilà une dame bien relevée, pour venir me reprocher ma naissance! Vous avez apparemment oublié que M. Briochais, votre père, était pâtissier dans la ville de Falaise. Allez, madame la comtesse, puisque comtesse y a, nous nous connaissons toutes deux : mon frère rira bien quand il saura que vous avez pris ce nom burlesque pour venir vous requinquer à Paris; je voudrais, par plaisir, qu'il vînt ici tout à l'heure.

LE CHEVALIER, *à madame Jacob.*

Vous pourrez avoir ce plaisir-là, madame : nous attendons à souper M. Turcaret.

MADAME TURCARET, *à part.*

Ahi!

LE MARQUIS.

Et vous souperez aussi avec nous, madame Jacob; car j'aime les soupers de famille.

MADAME TURCARET, *à elle-même.*

Je suis au désespoir d'avoir mis le pied dans cette maison!

LISETTE, *à part.*

Je le crois bien.

MADAME TURCARET, *à elle-même.*

J'en vais sortir tout à l'heure.

(*Elle va pour sortir.*)

LE MARQUIS, *à madame Turcaret, l'arrêtant.*

Vous ne vous en irez pas, s'il vous plaît, que vous n'ayez vu M. Turcaret.

MADAME TURCARET.

Ne me retenez point, monsieur le marquis, ne me retenez point.

LE MARQUIS.

Oh! palsambleu! mademoiselle Briochais, vous ne sortirez point, comptez là-dessus.

LE CHEVALIER.

Eh! marquis, cesse de l'arrêter.

LE MARQUIS, *au chevalier.*

Je n'en ferai rien : pour la punir de nous

avoir trompés tous deux, je la veux mettre aux prises avec son mari.

LA BARONNE.

Non, marquis; de grâce, laissez-la sortir.

LE MARQUIS, *à la baronne.*

Prière inutile : tout ce que je puis faire pour vous, madame, c'est de lui permettre de se déguiser en Vénus, afin que son mari ne la reconnaisse pas.

LISETTE.

Ah! par ma foi, voici M. Turcaret.

MADAME JACOB.

J'en suis ravie.

MADAME TURCARET.

La malheureuse journée!

LA BARONNE.

Pourquoi faut-il que cette scène se passe chez moi.

LE MARQUIS.

Je suis au comble de ma joie.

SCÈNE X

M. TURCARET, LA BARONNE, LE MARQUIS, LE CHEVALIER, MADAME TURCARET, MADAME JACOB, LISETTE.

M. TURCARET, *à la baronne.*

J'ai renvoyé l'huissier, madame, et terminé... (*Apercevant sa sœur.*) Ahi! en croirai-je mes yeux? ma sœur ici...! (*apercevant sa femme*) et, qui pis est, ma femme!

LE MARQUIS.

Vous voilà en pays de connaissance, monsieur Turcaret : vous voyez une belle comtesse dont je porte les chaînes; vous voulez bien que je vous la présente, sans oublier madame Jacob.

MADAME JACOB, *à M. Turcaret.*

Ah! mon frère!

M. TURCARET, *à madame Jacob.*

Ah! ma sœur! (*A lui-même.*) Qui diable les a amenées ici?

LE MARQUIS.

C'est moi, monsieur Turcaret, vous m'avez cette obligation-là; embrassez ces deux objets chéris. Ah! qu'il paraît ému! j'admire la force du sang et de l'amour conjugal.

M. TURCARET, *bas.*

Je n'ose la regarder, je crois voir mon mauvais génie.

MADAME TURCARET, *bas.*

Je ne puis l'envisager sans horreur.

LE MARQUIS.

Ne vous contraignez point, tendres époux, laissez éclater toute la joie que vous devez sentir de vous revoir après dix années de séparation.

LA BARONNE, *à M. Turcaret.*

Vous ne vous attendiez pas, monsieur, à rencontrer ici madame Turcaret; et je conçois bien l'embarras où vous êtes; mais pourquoi m'avoir dit que vous étiez veuf?

LE MARQUIS, *à la baronne.*

Il vous a dit qu'il était veuf! Hé! parbleu! sa femme m'a dit aussi qu'elle était veuve. Ils ont la rage tous deux de vouloir être veufs.

LA BARONNE, *à M. Turcaret.*

Parlez : pourquoi m'avez-vous trompée?

M. TURCARET, *tout interdit, à la baronne.*

J'ai cru, madame... qu'en vous faisant accroire que... je croyais être veuf... vous croiriez que... je n'aurais point de femme... (*Bas.*) J'ai l'esprit troublé, je ne sais ce que je dis.

LA BARONNE.

Je devine votre pensée, monsieur, et je vous pardonne une tromperie que vous avez crue nécessaire pour vous faire écouter; je passerai même plus avant : au lieu d'en venir aux reproches, je veux vous raccommoder avec madame Turcaret.

M. TURCARET.

Qui? moi, madame! Oh! pour cela, non; vous ne la connaissez pas, c'est un démon; j'aimerais mieux vivre avec la femme du Grand Mogol.

MADAME TURCARET, *à son mari.*

Oh! monsieur, ne vous en défendez pas tant : je n'en ai pas plus d'envie que vous, au moins; et je ne viendrais point à Paris troubler vos plaisirs, si vous étiez plus exact à payer la pension que vous me faites pour me tenir en province.

LE MARQUIS.

Pour la tenir en province! Ah! monsieur

Turcaret, vous avez tort : madame mérite
qu'on lui paye les quartiers d'avance.

MADAME TURCARET, *au marquis.*

Il m'en est dû cinq; s'il ne me les donne
pas, je ne pars point, je demeure à Paris pour
le faire enrager : j'irai chez ses maîtresses
faire un charivari; et je commencerai par
cette maison-ci, je vous en avertis.

M. TURCARET.

Ah ! l'insolente !

LISETTE, *bas.*

La conversation finira mal.

LA BARONNE, *à madame Turcaret.*

Vous m'insultez, madame.

MADAME TURCARET, *à la baronne.*

J'ai des yeux, Dieu merci, j'ai des yeux; je
vois bien tout ce qui se passe en cette maison; mon mari est la plus grande dupe...

M. TURCARET.

Quelle impudence ! Ah ! ventrebleu ! coquine, sans le repect que j'ai pour la compagnie...

(*Il veut frapper sa femme; le chevalier le
retient.*)

LE MARQUIS.

Qu'on ne vous gêne point, monsieur Turcaret; vous êtes avec vos amis, usez-en librement.

LE CHEVALIER, *se mettant au-devant
de M. Turcaret.*

Monsieur....!

LA BARONNE, *à M. Turcaret.*

Songez que vous êtes chez moi.

SCÈNE XI

M. TURCARET, LA BARONNE, LE MAR-
QUIS, LE CHEVALIER, Madame TURCA-
RET, Madame JACOB, JASMIN, LISETTE.

JASMIN, *à M. Turcaret.*

Il y a, dans un carrosse qui vient de s'arrêter à la porte, deux gentilshommes qui se
disent vos associés; ils veulent vous parler
d'une affaire importante.

M. TURCARET, *à Jasmin.*

Ah! (*A madame Turcaret.*) Je vais revenir; je
vous apprendrai, impudente, à respecter une
maison...

(*Il sort.*)

MADAME TURCARET, *à son mari.*

Je crains peu vos menaces.

(*Jasmin sort.*)

SCÈNE XII

LA BARONNE, LE CHEVALIER, LE MAR-
QUIS, Madame TURCARET, Madame JA-
COB, LISETTE.

LE CHEVALIER, *à madame Turcaret.*

Calmez votre esprit agité, madame; que
M. Turcaret vous retrouve adoucie.

MADAME TURCARET, *au chevalier.*

Oh! tous ses emportements ne m'épouvan-
tent point.

LA BARONNE, *à madame Turcaret.*

Nous allons l'apaiser en votre faveur.

MADAME TURCARET, *à la baronne.*

Je vous entends, madame : vous voulez me réconcilier avec mon mari, afin que, par reconnaissance, je souffre qu'il continue à vous rendre des soins.

LA BARONNE.

La colère vous aveugle; je n'ai pour objet que la réunion de vos cœurs; je vous abandonne M. Turcaret, je ne veux le revoir de ma vie.

MADAME TURCARET.

Cela est trop généreux.

LE MARQUIS.

Puisque madame renonce au mari, de mon côté je renonce à la femme : allons, renonces-y aussi, chevalier. Il est beau de se vaincre soi-même.

SCÈNE XIII

LA BARONNE, LE CHEVALIER, LE MARQUIS, Madame TURCARET, Madame JACOB, FRONTIN, LISETTE.

FRONTIN.

O malheur imprévu! ô disgrâce cruelle!

LE CHEVALIER.

Qu'y a-t-il, Frontin?

FRONTIN, *au chevalier.*

Les associés de M. Turcaret ont mis garnison chez lui pour deux cent mille écus que leur emporte un caissier qu'il a cautionné. Je venais ici en diligence pour l'avertir de se sauver; mais je suis arrivé trop tard, ses créanciers se sont déjà assurés de sa personne.

MADAME JACOB.

Mon frère entre les mains de ses créanciers! Tout dénaturé qu'il est, je suis touchée de son malheur : je vais employer pour lui tout mon crédit; je sens que je suis sa sœur.

(Elle sort.)

MADAME TURCARET.

Et moi, je vais le chercher pour l'accabler d'injures; je sens que je suis sa femme.

(Elle sort.)

SCÈNE XIV

LA BARONNE, LE CHEVALIER,
LE MARQUIS, FRONTIN, LISETTE.

FRONTIN.

Nous envisagions le plaisir de le ruiner; mais la justice est jalouse de ce plaisir-là; elle nous a prévenus.

LE MARQUIS, *à Frontin.*

Bon! bon! il a de l'argent de reste pour se tirer d'affaire.

FRONTIN, *au marquis.*

J'en doute; on dit qu'il a follement dissipé des biens immenses; mais ce n'est pas ce qui m'embarrasse à présent. Ce qui m'afflige, c'est que j'étais chez lui quand ses associés y sont venus mettre garnison.

LE CHEVALIER, *à Frontin.*

Eh bien?

FRONTIN, *au chevalier.*

Eh bien, monsieur, ils m'ont aussi arrêté et fouillé, pour voir si par hasard je ne serais point chargé de quelque papier qui pût tourner au profit des créanciers. Ils se sont saisis, à telle fin que de raison, du billet de madame, que vous m'aviez confié tantôt.

LE CHEVALIER.

Qu'entends-je? juste ciel!

FRONTIN.

Ils m'en ont pris encore un autre de dix mille francs que M. Turcaret avait donné pour l'acte solidaire, et que M. Furet venait de me remettre entre les mains.

LE CHEVALIER.

Eh! pourquoi, maraud, n'as-tu point dit que tu étais à moi?

FRONTIN.

Oh! vraiment, monsieur, je n'y ai pas manqué : j'ai dit que j'appartenais à un chevalier; mais quand ils ont vu les billets, ils n'ont pas voulu me croire.

LE CHEVALIER, *à lui-même.*

Je ne me possède plus, je suis au désespoir.

LA BARONNE, *au chevalier.*

Et moi, j'ouvre les yeux. Vous m'avez dit que vous aviez chez vous l'argent de mon billet; je vois par là que mon brillant n'a point été mis en gage; et je sais ce que je dois penser du beau récit que Frontin m'a fait de votre fureur d'hier au soir. Ah! chevalier, je ne vous aurais pas cru capable d'un pareil procédé. J'ai chassé Marine à cause qu'elle n'était pas dans vos intérêts, et je chasse Lisette parce qu'elle y est. Adieu; je ne veux de ma vie entendre parler de vous.

SCÈNE XV

LE MARQUIS, LE CHEVALIER, FRONTIN, LISETTE.

LE MARQUIS, *riant*.

Ha! ha! ma foi, chevalier, tu me fais rire; ta consternation me divertit. Allons souper chez le traiteur, et passer la nuit à boire.

FRONTIN, *au chevalier*.

Vous suivrai-je, monsieur?

LE CHEVALIER, *à Frontin*.

Non; je te donne ton congé; ne t'offre jamais à mes yeux.

(*Le marquis et le chevalier sortent.*)

SCÈNE XVI

LISETTE, FRONTIN.

LISETTE.

Et nous, Frontin, quel parti prendrons-nous?

FRONTIN.

J'en ai un à te proposer. Vive l'esprit, mon enfant! Je viens de payer d'audace; je n'ai point été fouillé.

LISETTE.

Tu as les billets?

FRONTIN.

J'en ai déjà touché l'argent, il est en sû-
reté; j'ai quarante mille francs. Si ton ambi-
tion veut se borner à cette petite fortune,
nous allons faire souche d'honnêtes gens.

LISETTE.

J'y consens.

FRONTIN.

Voilà le règne de M. Turcaret fini; le mien
va commencer.

FIN DE TURCARET.

CRISPIN

RIVAL DE SON MAITRE

COMÉDIE EN UN ACTE

PERSONNAGES.

M. ORONTE, bourgeois de Paris.
MADAME ORONTE.
M. ORGON, père de Damis.
VALÈRE, amant d'Angélique.
ANGÉLIQUE, fille de M. Oronte, promise à Damis.
CRISPIN, valet de Valère.
LABRANCHE, valet de Damis.
LISETTE, suivante d'Angélique.

La scène est à Paris.

CRISPIN RIVAL DE SON MAITRE

SCÈNE PREMIÈRE

VALÈRE, CRISPIN.

VALÈRE.

Ah! te voilà, bourreau!

CRISPIN.

Parlons sans emportement.

VALÈRE.

Coquin!

CRISPIN.

Laissons là, je vous prie, nos qualités. De quoi vous plaignez-vous?

VALÈRE.

De quoi je me plains, traître? Tu m'avais demandé congé pour huit jours, et il y a plus d'un mois que je ne t'ai vu. Est-ce ainsi qu'un valet doit servir?

CRISPIN.

Parbleu! monsieur, je vous sers comme vous me payez. Il me semble que l'un n'a pas plus de sujet de se plaindre que l'autre.

VALÈRE.

Je voudrais bien savoir d'où tu peux venir.

CRISPIN.

Je viens de travailler à ma fortune. J'ai été en Touraine, avec un chevalier de mes amis, faire une petite expédition.

VALÈRE.

Quelle expédition?

CRISPIN.

Lever un droit qu'il s'est acquis sur les gens de province, par sa manière de jouer.

VALÈRE.

Tu viens donc fort à propos, car je n'ai point d'argent, et tu dois être en état de m'en prêter.

CRISPIN.

Non, monsieur, nous n'avons pas fait une heureuse pêche. Le poisson a vu l'hameçon, il n'a point voulu mordre à l'appât.

VALÈRE.

Le bon fonds de garçon que voilà! Écoute, Crispin, je veux bien te pardonner le passé; j'ai besoin de ton industrie.

CRISPIN.

Quelle clémence!

VALÈRE.

Je suis dans un grand embarras.

CRISPIN.

Vos créanciers s'impatientent-ils! Ce gros marchand à qui vous avez fait un billet de neuf cents francs pour trente pistoles d'étoffe qu'il vous a fournie aurait-il obtenu sentence contre vous?

VALÈRE.

Non.

CRISPIN.

Ah! j'entends. Cette généreuse marquise qui alla elle-même payer votre tailleur, qui vous avait fait assigner, a découvert que nous agissions de concert avec lui?

VALÈRE.

Ce n'est point cela, Crispin : je suis devenu amoureux.

CRISPIN.

Oh! oh! Et de qui, par aventure?

VALÈRE.

D'Angélique, fille unique de M. Oronte.

CRISPIN.

Je la connais de vue : peste! la jolie figure! Son père, si je ne me trompe, est un bourgeois qui demeure en ce logis, et qui est très-riche.

VALÈRE.

Oui; il a trois grandes maisons dans les plus beaux quartiers de Paris.

CRISPIN.

L'adorable personne qu'Angélique!

VALÈRE.

De plus, il passe pour avoir de l'argent comptant.

CRISPIN.

Je connais tout l'excès de votre amour. Mais où en êtes-vous avec la petite fille? Elle sait vos sentiments?

VALÈRE.

Depuis huit jours que j'ai un libre accès chez son père, j'ai si bien fait qu'elle me voit d'un œil favorable; mais Lisette, sa femme de chambre, m'apprit hier une nouvelle qui me met au désespoir.

CRISPIN.

Eh! que vous a-t-elle dit, cette désespérante Lisette?

VALÈRE.

Que j'ai un rival; que M. Oronte a donné sa
parole à un jeune homme de province qui
doit incessamment arriver à Paris pour épouser Angélique.

CRISPIN.

Et quel est ce rival?

VALÈRE.

C'est ce que je ne sais point encore. On ap-
pela Lisette dans le temps qu'elle me disait
cette fâcheuse nouvelle, et je fus obligé de me
retirer sans apprendre son nom.

CRISPIN.

Nous avons bien la mine de n'être pas si
tôt propriétaires des trois belles maisons de
M. Oronte.

VALÈRE.

Va trouver Lisette de ma part, parle-lui;
après cela nous prendrons nos mesures.

CRISPIN.

Laissez-moi faire.

VALÈRE.

Je vais t'attendre au logis.   (*Il sort.*)

SCÈNE II

CRISPIN, *seul.*

Que je suis las d'être valet! Ah! Crispin,
c'est ta faute; tu as toujours donné dans la
bagatelle : tu devrais présentement briller
dans la finance. Avec l'esprit que j'ai, morbleu! j'aurais déjà fait plus d'une banqueroute.

SCÈNE III

CRISPIN, LABRANCHE.

LABRANCHE.

N'est-ce pas là Crispin?

CRISPIN.

Est-ce Labranche que je vois?

LABRANCHE.

C'est Crispin, c'est lui-même.

CRISPIN.

C'est Labranche, ou je meure! L'heureuse rencontre! Que je t'embrasse, mon cher. Franchement, ne te voyant plus paraître à Paris, je craignais que quelque arrêt de la cour ne t'en eût éloigné.

LABRANCHE.

Ma foi, mon ami, je l'ai échappé belle depuis que je ne t'ai vu. On m'a voulu donner de l'occupation sur mer; j'ai pensé être du dernier détachement de la Tournelle.

CRISPIN.

Tudieu! qu'avais-tu donc fait?

LABRANCHE.

Une nuit, je m'avisai d'arrêter, dans une rue détournée, un marchand étranger, pour lui demander, par curiosité, des nouvelles de son pays. Comme il n'entendait pas le français, il crut que je lui demandais la bourse; il crie au voleur; le guet vient; on me prend pour un fripon; on me mène au Châtelet: j'y ai demeuré sept semaines.

CRISPIN.

Sept semaines!

LABRANCHE.

J'y aurais demeuré bien davantage, sans la nièce d'une revendeuse à la toilette.

CRISPIN.

Est-il vrai?

LABRANCHE.

On était furieusement prévenu contre moi; mais cette bonne amie se donna tant de mouvement, qu'elle fit connaître mon innocence.

CRISPIN.

Il est bon d'avoir de puissants amis.

LABRANCHE.

Cette aventure m'a fait faire des réflexions.

CRISPIN.

Je le crois; tu n'es plus curieux de savoir des nouvelles des pays étrangers.

LABRANCHE.

Non, ventrebleu! Je me suis remis dans le service. Et toi, Crispin, travailles-tu toujours?

CRISPIN.

Non, je suis, comme toi, un fripon honoraire. Je suis rentré dans le service aussi; mais je sers un maître sans bien, ce qui suppose un valet sans gages. Je ne suis pas trop content de ma condition.

LABRANCHE.

Je le suis assez de la mienne, moi. Je me suis retiré à Chartres; j'y sers un jeune homme appelé Damis; c'est un aimable garçon; il aime le jeu, le vin, les femmes; c'est un homme universel: nous faisons ensemble toutes sortes de débauches; cela m'amuse, cela me détourne de mal faire.

CRISPIN.

L'innocente vie!

LABRANCHE.

N'est-il pas vrai?

CRISPIN.

Assurément. Mais, dis-moi, Labranche, qu'es-tu venu faire à Paris? Où vas-tu?

LABRANCHE.

Je vais dans cette maison.

CRISPIN.

Chez M. Oronte?

LABRANCHE.

Sa fille est promise à Damis.

CRISPIN.

Angélique promise à ton maître?

LABRANCHE.

M. Orgon, père de Damis, était à Paris il y a quinze jours, j'y étais avec lui : nous allâmes voir M. Oronte, qui est de ses anciens amis, et ils arrêtèrent entre eux ce mariage.

CRISPIN.

C'est donc une affaire résolue?

LABRANCHE.

Oui; le contrat est déjà signé des deux pères et de madame Oronte; la dot, qui est de vingt mille écus en argent comptant, est toute prête; on n'attend que l'arrivée de Damis pour terminer la chose.

CRISPIN.

Ah! parbleu! cela étant, Valère, mon maître, n'a donc qu'à chercher fortune ailleurs.

LABRANCHE.

Quoi! ton maître?

CRISPIN.

Il est amoureux de cette même Angélique; mais puisque Damis...

LABRANCHE.

Oh ! Damis n'épousera point Angélique : il y a une petite difficulté.

CRISPIN.

Eh ! quelle?

LABRANCHE.

Pendant que son père le mariait ici, il s'est marié à Chartres, lui.

CRISPIN.

Comment donc?

LABRANCHE.

Il aimait une jeune personne avec qui il avait fait les choses... de manière qu'au retour du bonhomme Orgon, il s'est fait en secret une assemblée de parents. La fille est de condition; Damis a été obligé de l'épouser.

CRISPIN.

Oh ! cela change la thèse.

LABRANCHE.

J'ai trouvé les habits de noce de mon maître tout faits; j'ai ordre de les emporter à Chartres aussitôt que j'aurai vu M. et madame Oronte, et retiré la parole de M. Orgon.

CRISPIN.

Retiré la parole de M. Orgon !

LABRANCHE.

C'est ce qui m'amène à Paris. Sans adieu, Crispin; nous nous reverrons.

CRISPIN.

Attends, Labranche; attends, mon enfant; il me vient une idée... Dis-moi un peu, ton maître est-il connu de M. Oronte?

LABRANCHE.

Ils ne se sont jamais vus.

CRISPIN.

Ventrebleu! si tu voulais, il y aurait un beau coup à faire; mais, après ton aventure du Châtelet, je crains que tu ne manques de courage.

LABRANCHE.

Non, non; tu n'as qu'à dire. Une tempête essuyée n'empêche point un bon matelot de se remettre en mer. Parle, de quoi s'agit-il? Est-ce que tu voudrais faire passer ton maître pour Damis, et lui faire épouser...?

CRISPIN.

Mon maître! fi donc! voilà un plaisant gueux, pour une fille comme Angélique! Je lui destine un meilleur parti.

LABRANCHE.

Qui donc?

CRISPIN.

Moi.

LABRANCHE.

Malepeste! tu as raison; cela n'est pas mal imaginé, au moins.

CRISPIN.

Je suis aussi amoureux d'elle.

LABRANCHE.

J'approuve ton amour.

CRISPIN.

Je prendrai le nom de Damis.

LABRANCHE.

C'est bien dit.

CRISPIN.

J'épouserai Angélique.

LABRANCHE.

J'y consens.

CRISPIN.

Je toucherai la dot.

LABRANCHE.

Fort bien.

CRISPIN.

Je disparaîtrai avant qu'on en vienne aux éclaircissements.

LABRANCHE.

Expliquons-nous mieux sur cet article.

CRISPIN.

Pourquoi?

LABRANCHE.

Tu parles de disparaître avec la dot, sans faire mention de moi. Il y a quelque chose à corriger dans ce plan-là.

CRISPIN.

Oh! nous disparaîtrons ensemble.

LABRANCHE.

A cette condition-là, je te sers de croupier. Le coup, je l'avoue, est un peu hardi; mais mon audace se réveille, et je sens que je suis né pour les grandes choses. Où irons-nous cacher la dot?

CRISPIN.

Dans le fond de quelque province éloignée.

LABRANCHE.

Je crois qu'elle sera mieux hors du royaume; qu'en dis-tu?

CRISPIN.

C'est ce que nous verrons. Apprends-moi de quel caractère est M. Oronte.

LABRANCHE.

C'est un bourgeois fort simple, un petit génie.

CRISPIN.

Et madame ?

LABRANCHE.

Une femme de vingt-cinq à soixante ans ; une femme qui s'aime, et qui est d'un esprit tellement incertain, qu'elle croit dans le même moment le pour et le contre.

CRISPIN.

Cela suffit. Il faut maintenant emprunter des habits pour...

LABRANCHE.

Tu peux te servir de ceux de mon maître. Oui, justement, tu es à peu près de sa taille.

CRISPIN.

Peste ! il n'est pas mal fait.

LABRANCHE.

Je vois sortir quelqu'un de chez M. Oronte ; allons dans mon auberge concerter l'exécution de notre entreprise.

CRISPIN.

Il faut auparavant que je coure au logis parler à Valère, et que je l'engage, par une fausse confidence, à ne point venir de quelques jours chez M. Oronte. Je t'aurai bientôt rejoint.

SCÈNE IV

ANGÉLIQUE, LISETTE.

ANGÉLIQUE.

Oui, Lisette, depuis que Valère m'a découvert sa passion, un secret chagrin me dévore ; et je sens que si j'épouse Damis, il m'en coûtera le repos de ma vie.

LISETTE.

Voilà un dangereux homme que ce Valère.

ANGÉLIQUE.

Que je suis malheureuse! Entre dans ma situation, Lisette. Que dois-je faire? Conseille-moi, je t'en conjure.

LISETTE.

Quel conseil pouvez-vous attendre de moi?

ANGÉLIQUE.

Celui que t'inspirera l'intérêt que tu prends à ce qui me touche.

LISETTE.

On ne peut vous donner que deux sortes de conseils : l'un, d'oublier Valère ; et l'autre, de vous roidir contre l'autorité paternelle. Vous avez trop d'amour pour suivre le premier ; j'ai la conscience trop délicate pour vous donner le second ; cela est embarrassant, comme vous voyez.

ANGÉLIQUE.

Ah! Lisette, tu me désespères.

LISETTE.

Attendez, il me semble pourtant que l'on peut concilier votre amour et ma conscience ; oui, allons trouver votre mère.

ANGÉLIQUE.

Que lui dire?

LISETTE.

Avouons-lui tout : elle aime qu'on la flatte, qu'on la caresse ; flattons-la, caressons-la ; dans le fond, elle a de l'amitié pour vous, et elle obligera peut-être M. Oronte à retirer sa parole.

ANGÉLIQUE.

Tu as raison, Lisette ; mais je crains...

LISETTE.

Quoi?

ANGÉLIQUE.

Tu connais ma mère; son esprit a si peu de fermeté!

LISETTE.

Il est vrai qu'elle est toujours du sentiment de celui qui lui parle le dernier; n'importe, ne laissons pas de l'attirer dans notre parti. Mais je la vois; retirez-vous pour un moment; vous reviendrez quand je vous en ferai signe.
(Angélique se retire au fond du théâtre.)

SCÈNE V

MADAME ORONTE, LISETTE, ANGÉLIQUE,
dans le fond du théâtre.

LISETTE, *sans faire semblant de voir madame Oronte.*

Il faut convenir que madame Oronte est une des plus aimables femmes de Paris.

MADAME ORONTE.

Vous êtes flatteuse, Lisette.

LISETTE.

Ah! madame, je ne vous voyais pas! Ces paroles que vous venez d'entendre sont la suite d'un entretien que je viens d'avoir avec mademoiselle Angélique au sujet de son mariage. « Vous avez, lui disais-je, la plus judicieuse de toutes les mères, la plus raisonnable. »

MADAME ORONTE.

Effectivement, Lisette, je ne ressemble guère aux autres femmes : c'est toujours la raison qui me détermine.

LISETTE.

Sans doute.

MADAME ORONTE.

Je n'ai ni entêtement ni caprice.

LISETTE.

Et, avec cela, vous êtes la meilleure mère du monde. Je mets en fait que, si votre fille avait de la répugnance à épouser Damis, vous ne voudriez pas contraindre là-dessus son inclination.

MADAME ORONTE.

Moi, la contraindre! moi, gêner ma fille! à Dieu ne plaise que je fasse la moindre violence à ses sentiments! Dites-moi, Lisette, aurait-elle de l'aversion pour Damis?

LISETTE.

Eh! mais...

MADAME ORONTE.

Ne me cachez rien.

LISETTE.

Puisque vous voulez savoir les choses, madame, je vous dirai qu'elle a de la répugnance pour ce mariage.

MADAME ORONTE.

Elle a peut-être une passion dans le cœur?

LISETTE.

Oh! madame, c'est la règle. Quand une fille a de l'aversion pour un homme qu'on lui destine pour mari, cela suppose toujours qu'elle a de l'inclination pour un autre. Vous m'avez dit, par exemple, que vous haïssiez M. Oronte la première fois qu'on vous le proposa, parce que vous aimiez un officier qui mourut au siége de Candie.

MADAME ORONTE.

Il est vrai; et si ce pauvre garçon ne fût pas mort, je n'aurais jamais épousé M. Oronte.

LISETTE.

Eh bien, madame, mademoiselle votre fille est dans la même disposition où vous étiez avant le siége de Candie.

MADAME ORONTE.

Eh! qui est donc le cavalier qui a trouvé le secret de lui plaire?

LISETTE.

C'est ce jeune gentilhomme qui vient jouer chez vous depuis quelques jours.

MADAME ORONTE.

Qui? Valère!

LISETTE.

Lui-même.

MADAME ORONTE.

A propos (vous m'en faites souvenir), il nous regardait hier, Angélique et moi, avec des yeux si passionnés! Êtes-vous bien assurée, Lisette, que c'est de ma fille qu'il est amoureux?

LISETTE, *ayant fait signe à Angélique de s'approcher.*

Oui, madame, il me l'a dit lui-même; et il m'a chargée de vous prier, de sa part, de trouver bon qu'il vienne vous en faire la demande.

ANGÉLIQUE, *s'approchant, à sa mère.*

Pardonnez, madame, si mes sentiments ne sont pas conformes aux vôtres; mais vous savez...

MADAME ORONTE, *à Angélique.*

Je sais bien qu'une fille ne règle pas toujours les mouvements de son cœur sur les vues de ses parents ; mais je suis tendre, je suis bonne, j'entre dans vos peines. En un mot, j'agrée la recherche de Valère.

ANGÉLIQUE.

Je ne puis vous exprimer, madame, tout le ressentiment que j'ai de vos bontés.

LISETTE, *à madame Oronte.*

Ce n'est pas assez, madame ; M. Oronte est un petit opiniâtre : si vous ne soutenez pas avec vigueur...

MADAME ORONTE.

Oh ! n'ayez point d'inquiétude là-dessus : je prends Valère sous ma protection, ma fille n'aura point d'autre époux que lui, c'est moi qui vous le dis. Mon mari vient, vous allez voir de quel ton je vais lui parler.

SCÈNE VI

ANGÉLIQUE, M. ORONTE, Madame ORONTE, LISETTE.

MADAME ORONTE, *à son mari.*

Vous venez fort à propos, monsieur ; j'ai à vous dire que je ne suis plus dans le dessein de marier ma fille à Damis.

M. ORONTE, *à sa femme.*

Ha ! ha ! peut-on savoir, madame, pourquoi vous avez changé de résolution ?

MADAME ORONTE.

C'est qu'il se présente un meilleur parti pour Angélique. Valère la demande ; il n'est pas, à la vérité, si riche que Damis ; mais il est gentilhomme ; et, en faveur de sa noblesse, nous devons lui passer son peu de bien.

LISETTE, *bas, à madame Oronte.*

Bon.

M. ORONTE.

J'estime Valère; et, sans faire attention à son peu de bien, je lui donnerais très-volontiers ma fille, si je le pouvais avec honneur; mais cela ne se peut pas, madame.

MADAME ORONTE.

D'où vient, monsieur?

M. ORONTE.

D'où vient? Voulez-vous que nous manquions de parole à M. Orgon, notre ancien ami? Avez-vous quelque sujet de vous plaindre de lui?

MADAME ORONTE.

Non.

LISETTE, *bas, à madame Oronte.*

Courage, ne mollissez point.

M. ORONTE.

Pourquoi donc lui faire un pareil affront? Songez que le contrat est signé, que tous les préparatifs sont faits, et que nous n'attendons que Damis. La chose n'est-elle pas trop avancée pour s'en dédire?

MADAME ORONTE.

Effectivement, je n'avais pas fait toutes ces réflexions.

LISETTE, *bas, à elle-même.*

Adieu, la girouette va tourner.

M. ORONTE.

Vous êtes trop raisonnable, madame, pour vouloir vous opposer à ce mariage.

MADAME ORONTE.

Oh! je ne m'y oppose pas.

LISETTE, *bas, à elle-même.*

Mort de ma vie! est-ce là une femme? elle ne contredit point.

MADAME ORONTE.

Vous le voyez, Lisette, j'ai fait ce que j'ai pu pour Valère.

LISETTE, *bas, à madame Oronte.*

Oui! vraiment, voilà un amant bien protégé!

SCÈNE VII

ANGÉLIQUE, M. ORONTE, LABRANCHE, Madame ORONTE, LISETTE.

M. ORONTE.

J'aperçois le valet de Damis.

LABRANCHE.

Très-humble serviteur à monsieur et à madame Oronte; serviteur très-humble à mademoiselle Angélique; bonjour, Lisette.

M. ORONTE.

Eh bien, Labranche, quelle nouvelle?

LABRANCHE, *à M. Oronte.*

M. Damis, votre gendre et mon maître, vient d'arriver de Chartres; il marche sur mes pas; j'ai pris les devants pour vous en avertir.

ANGÉLIQUE, *bas, à elle-même.*

O ciel!

M. ORONTE.

Je l'attendais avec impatience. Mais pourquoi n'est-il pas venu tout droit chez moi? Dans les termes où nous en sommes, doit-il faire ces façons-là?

LABRANCHE.

Oh! monsieur, il sait trop bien vivre pour en user si familièrement avec vous; c'est le garçon de France qui a les meilleures manières. Quoique je sois son valet, je n'en puis dire que du bien.

MADAME ORONTE, *à Labranche.*

Est-il poli? est-il sage?

LABRANCHE, *à madame Oronte.*

S'il est sage, madame! il a été élevé avec la plus brillante jeunesse de Paris. Tudieu! c'est une tête bien sensée.

M. ORONTE.

Et M. Orgon n'est-il pas avec lui?

LABRANCHE, *à M. Oronte.*

Non, monsieur; de vives atteintes de goutte l'ont empêché de se mettre en chemin.

M. ORONTE.

Le pauvre bonhomme!

LABRANCHE.

Cela l'a pris subitement la veille de notre départ. Voici une lettre qu'il vous écrit.

(*Il donne une lettre à M. Oronte.*)

M. ORONTE *lit le dessus de la lettre.*

« A monsieur, monsieur Craquet, médecin, « dans la rue du Sépulcre. »

LABRANCHE, *reprenant la lettre.*

Ce n'est point cela, monsieur.

M. ORONTE, *riant.*

Voilà un médecin qui loge dans le quartier de ses malades.

LABRANCHE *tire plusieurs lettres et en lit les adresses.*

J'ai plusieurs lettres que je me suis chargé

de rendre à leurs adresses. Voyons celle-ci. (*Il lit.*) « A monsieur Bredouillet, avocat au « parlement, rue des Mauvaises-Paroles. » Ce n'est point encore cela; passons à l'autre. (*Il lit.*) « A monsieur Gourmandin, chanoine « de... » Ouais, je ne trouverai point celle que je cherche. (*Il lit.*) « A monsieur Oronte. » Ah! voici la lettre de monsieur Orgon... (*Il la donne.*) Il l'a écrite d'une main si tremblante, que vous n'en reconnaîtrez pas l'écriture.

M. ORONTE.

En effet, elle n'est pas reconnaissable.

LABRANCHE.

La goutte est un terrible mal. Le ciel vous en veuille préserver, aussi bien que madame Oronte, mademoiselle Angélique, Lisette et toute la compagnie !

M. ORONTE *lit.*

« Je me disposais à partir avec Damis; mais « la goutte m'en a empêché. Néanmoins, « comme ma présence n'est point absolument « nécessaire à Paris, je n'ai point voulu que « mon indisposition retardât un mariage qui « fait ma plus chère envie, et toute la conso- « lation de ma vieillesse. Je vous envoie mon « fils, servez-lui de père comme à votre fille. « Je trouverai bon tout ce que vous ferez.

« De Chartres.

« Votre affectionné serviteur,

« ORGON. »

Que je le plains !

SCÈNE VIII.

CRISPIN, *dans le fond,* ANGÉLIQUE, M. ORONTE, LABRANCHE, MADAME ORONTE, LISETTE.

M. ORONTE, *à Labranche.*

Mais qui est ce jeune homme qui s'avance ? Ne serait-ce point Damis ?

LABRANCHE, *à M. Oronte.*

C'est lui-même. (*A madame Oronte.*) Qu'en dites-vous, madame ? n'a-t-il pas un air qui prévient en sa faveur ?

MADAME ORONTE, *à Labranche.*

Il n'est pas mal fait, vraiment.

CRISPIN, *appelant.*

Labranche ?

LABRANCHE, *à Crispin.*

Monsieur.

CRISPIN.

Est-ce là M. Oronte, mon illustre beau-père ?

LABRANCHE.

Oui ; vous le voyez en propre original.

M. ORONTE, *à Crispin.*

Soyez le bienvenu, mon gendre, embrassez-moi.

CRISPIN, *embrassant M. Oronte.*

Ma joie est extrême de pouvoir vous témoigner l'extrême joie que j'ai de vous embrasser. (*Montrant madame Oronte.*) Voilà sans doute l'aimable enfant qui m'est destinée ?

M. ORONTE.

Non, mon gendre, c'est ma femme. Voici ma fille Angélique.

CRISPIN.

Malepeste! la jolie famille! (*Regardant Angé-lique.*) Je ferais volontiers ma femme de l'une (*regardant madame Oronte*), et ma maîtresse de l'autre.

MADAME ORONTE, *à Crispin.*

Cela est trop galant. (*A Lisette.*) Il paraît avoir de l'esprit.

LISETTE.

Et du goût même.

CRISPIN, *à madame Oronte.*

Quel air! quelle grâce! quelle noble fierté! Ventrebleu! madame, vous êtes tout adorable. Mon père me le disait bien: « Tu verras madame Oronte, c'est la beauté la plus piquante. »

MADAME ORONTE.

Fi donc!

CRISPIN, *à part.*

La plus désag... (*Haut.*) « Je voudrais, dit-il, qu'elle fût veuve, je l'aurais bientôt épousée. »

M. ORONTE, *riant.*

Je lui suis, parbleu, bien obligé.

MADAME ORONTE, *à Crispin.*

Je l'estime infiniment, monsieur votre père; que je suis fâchée qu'il n'ait pu venir avec vous!

CRISPIN.

Qu'il est mortifié de ne pouvoir être de la noce! Il se promettait bien de danser la bourrée avec madame Oronte.

LABRANCHE, *à M. Oronte.*

Il vous prie d'achever promptement ce mariage; car il a une furieuse impatience d'avoir sa bru auprès de lui.

M. ORONTE, *à Labranche.*

Hé! mais, toutes les conditions sont arrêtées entre nous, et signées; il ne reste plus qu'à terminer la chose et compter la dot.

CRISPIN, *à M. Oronte.*

Compter la dot! oui, c'est fort bien dit. Labranche! Permettez que je donne une commission à mon valet. (*A part, à Labranche.*) Va chez le marquis. (*Bas.*) Va-t'en arrêter des chevaux pour cette nuit; tu m'entends. (*Haut.*) Et tu lui diras que je lui baise les mains.

LABRANCHE, *sortant.*

J'y vole.

SCÈNE IX

ANGÉLIQUE, M. ORONTE, CRISPIN, Madame ORONTE, LISETTE.

M. ORONTE, *à Crispin.*

Revenons à votre père. Je suis très-affligé de son indisposition; mais satisfaites, je vous prie, ma curiosité. Dites-moi un peu des nouvelles de son procès.

CRISPIN, *d'un air inquiet, appelle.*

Labranche!

M. ORONTE.

Vous êtes bien ému, qu'avez-vous?

CRISPIN, *bas, à lui-même.*

Maugrebleu de la question...! (*Haut.*) J'ai oublié de charger Labranche... (*Bas, à lui-même.*) Il devait bien me parler de ce procès-là.

M. ORONTE.

Il reviendra. Eh bien, ce procès a-t-il enfin été jugé?

CRISPIN, *à M. Oronte.*

Oui, Dieu merci, l'affaire en est faite.

M. ORONTE.

Et vous l'avez gagné?

CRISPIN.

Avec dépens.

M. ORONTE.

J'en suis ravi, je vous assure.

MADAME ORONTE.

Le ciel en soit loué !

CRISPIN.

Mon père avait cette affaire à cœur; il aurait donné tout son bien aux juges, plutôt que d'en avoir le démenti.

M. ORONTE.

Ma foi, cette affaire lui a bien coûté de l'argent, n'est-ce pas?

CRISPIN.

Je vous en réponds ! Mais la justice est une si belle chose, qu'on ne saurait trop cher l'acheter.

M. ORONTE.

J'en conviens; mais, outre cela, ce procès lui a bien donné de la peine.

CRISPIN.

Ah! cela n'est pas concevable : il avait affaire au plus grand chicaneur, au moins raisonnable de tous les hommes.

M. ORONTE.

Qu'appelez-vous de tous les hommes? Il m'a dit que sa partie était une femme.

CRISPIN.

Oui, sa partie était une femme, d'accord; mais cette femme avait dans ses intérêts un certain vieux Normand qui lui donnait des conseils; c'est cet homme-là qui a bien fait de la peine à mon père... Mais changeons de discours; laissons là les procès; je ne veux m'occuper que de mon mariage, et que du plaisir de voir madame Oronte.

M. ORONTE.

Eh bien, allons, mon gendre, entrons; je vais ordonner les apprêts de vos noces.

CRISPIN, *donnant la main à madame Oronte.*

Madame!

MADAME ORONTE.

Vous n'êtes pas à plaindre, ma fille, Damis a du mérite.

(*Crispin, M. Oronte et madame Oronte sortent.*)

SCÈNE X

ANGÉLIQUE, LISETTE.

ANGÉLIQUE.

Hélas! que vais-je devenir?

LISETTE.

Vous allez devenir femme de M. Damis; cela n'est pas difficile à deviner.

ANGÉLIQUE.

Ah! Lisette, tu sais mes sentiments, montre-toi sensible à mes peines.

LISETTE, *pleurant.*

La pauvre enfant!

ANGÉLIQUE.

Auras-tu la dureté de m'abandonner à mon sort?

LISETTE.

Vous me fendez le cœur.

ANGÉLIQUE.

Lisette, ma chère Lisette!

LISETTE.

Ne m'en dites pas davantage. Je suis si touchée, que je pourrais bien vous donner quelque mauvais conseil; et je vous vois si affligée, que vous ne manqueriez pas de le suivre.

SCÈNE XI

ANGÉLIQUE, LISETTE, VALÈRE,
dans le fond.

VALÈRE, *à lui-même.*

Crispin m'a dit de ne point paraître ici de quelques jours, qu'il méditait un stratagème; mais il ne m'a point expliqué ce que c'est. Je ne puis vivre dans cette incertitude.

LISETTE, *à Angélique.*

Valère vient.

VALÈRE.

Je ne me trompe point; c'est elle-même. (*S'approchant.*) Belle Angélique, de grâce, apprenez-moi vous-même ma destinée. Quel sera le fruit...? Mais quoi! vous pleurez l'une et l'autre.

LISETTE.

Hé! oui, monsieur, nous pleurons, nous nous désespérons. Votre rival est arrivé.

VALÈRE.

Qu'est-ce que j'entends?

LISETTE.

Et, dès ce soir, il épouse ma maîtresse.

VALÈRE.

Juste ciel!

LISETTE.

Si du moins, après son mariage, elle demeurait à Paris, passe encore; vous pourriez quelquefois tous deux pleurer ensemble vos déplaisirs; mais, pour comble de chagrin, il faudra que vous pleuriez séparément.

VALÈRE.

J'en mourrai. Mais, Lisette, qui est donc cet heureux rival qui m'enlève ce que j'ai de plus cher au monde?

LISETTE.

On le nomme Damis.

VALÈRE.

Damis!

LISETTE.

C'est un homme de Chartres.

VALÈRE.

Je connais tout ce pays-là; et je ne sache point qu'il y ait un autre Damis que le fils de M. Orgon.

LISETTE.

Justement, c'est le fils de M. Orgon qui est votre rival.

VALÈRE.

Ah! si nous n'avons que ce Damis à craindre, nous devons nous rassurer.

ANGÉLIQUE.

Que dites-vous, Valère?

VALÈRE.

Cessons de nous affliger, charmante Angélique. Damis, depuis huit jours, s'est marié à Chartres.

LISETTE.

Bon!

ANGÉLIQUE.

Vous vous moquez, Valère. Damis est ici, qui s'apprête à recevoir ma main.

LISETTE.

Il est en ce moment au logis avec M. et madame Oronte.

VALÈRE.

Damis est de mes amis; et il n'y a pas huit jours qu'il m'a écrit, j'ai sa lettre chez moi.

ANGÉLIQUE.

Que vous mande-t-il?

VALÈRE.

Qu'il s'est marié secrètement à Chartres avec une fille de condition.

LISETTE.

Marié secrètement! oh! oh! approfondissons un peu cette affaire; il me paraît qu'elle en vaut bien la peine. Allez, monsieur, allez quérir cette lettre, et ne perdez point de temps.

VALÈRE, *s'en allant.*

Dans un moment je suis de retour.

SCÈNE XII

ANGÉLIQUE, LISETTE.

LISETTE.

Et nous, ne négligeons point cette nouvelle: je suis fort trompée si nous n'en tirons pas quelque avantage. Elle nous servira du moins à faire suspendre pour quelque temps votre mariage. Je vois venir M. Oronte; pendant que je la lui apprendrai, courez en faire part à madame votre mère.

SCÈNE XIII

LISETTE, M. ORONTE.

M. ORONTE.

Valère vient de vous quitter, Lisette.

LISETTE.

Oui, monsieur; il vient de nous dire une chose qui vous surprendra, sur ma parole.

M. ORONTE.

Et quoi?

LISETTE.

Par ma foi, Damis est un plaisant homme, de vouloir avoir deux femmes, pendant que tant d'honnêtes gens sont si fâchés d'en avoir une!

M. ORONTE.

Explique-toi, Lisette.

LISETTE.

Damis est marié; il a épousé secrètement une fille de Chartres, une fille de qualité.

M. ORONTE.

Bon! cela se peut-il, Lisette?

LISETTE.

Il n'y a rien de plus véritable, monsieur; Damis l'a mandé lui-même à Valère, qui est son ami.

M. ORONTE.

Tu me comptes une fable, te dis-je.

LISETTE.

Non, monsieur, je vous assure. Valère est allé quérir la lettre, il ne tiendra qu'à vous de la voir.

M. ORONTE.

Encore un coup, je ne puis croire ce que tu me dis.

LISETTE.

Eh! monsieur, pourquoi ne le croiriez-vous pas? Les jeunes gens ne sont-ils pas aujourd'hui capables de tout?

M. ORONTE.

Il est vrai qu'ils sont plus corrompus qu'ils ne l'étaient de mon temps.

LISETTE.

Que savons-nous si Damis n'est point un de ces petits scélérats qui ne se font point un scrupule de la pluralité des dots? Cependant la personne qu'il a épousée étant de condition, ce mariage clandestin aura des suites qui ne seront pas fort agréables pour vous.

M. ORONTE.

Ce que tu dis ne laisse pas de mériter qu'on y fasse quelque attention.

LISETTE.

Comment, quelque attention? Si j'étais à votre place, avant que de livrer ma fille, je voudrais du moins être éclairci de la chose.

M. ORONTE.

Tu as raison.

SCÈNE XIV

LISETTE, M. ORONTE, LABRANCHE,
dans le fond.

M. ORONTE.

Je vois paraître le valet de Damis; il faut que je le sonde finement. Retire-toi, Lisette, et me laisse avec lui.

LISETTE, *s'en allant.*

Si cette nouvelle pouvait se confirmer.

SCÈNE XV

M. ORONTE, LABRANCHE.

M. ORONTE.

Approche, Labranche, viens çà... Je te trouve une physionomie d'honnête homme.

LABRANCHE.

Oh! monsieur, sans vanité, je suis encore plus honnête homme que ma physionomie.

M. ORONTE.

J'en suis bien aise. Écoute; ton maître a la mine d'un vert galant.

LABRANCHE.

Tudieu! c'est un joli homme. Les femmes en sont folles; il a un certain air libre qui les charme. M. Orgon, en le mariant, assure le repos de trente familles pour le moins.

M. ORONTE.

Cela étant, je ne m'étonne point qu'il ait poussé à bout une fille de qualité.

LABRANCHE.

Que dites-vous?

M. ORONTE.

Il faut, mon ami, que tu me confesses la vérité; je sais tout : je sais que Damis est marié, qu'il a épousé une fille de Chartres.

LABRANCHE, *à part.*

Ouf!

M. ORONTE.

Tu te troubles; je vois qu'on m'a dit vrai; tu es un fripon.

LABRANCHE.

Moi, monsieur?

M. ORONTE.

Oui, toi, pendard! Je suis instruit de votre dessein, et je prétends te faire punir comme complice d'un projet si criminel.

LABRANCHE.

Quel projet, monsieur? Que je meure, si je comprends...

M. ORONTE.

Tu feins d'ignorer ce que je veux dire, traître! mais si tu ne me fais tout à l'heure un aveu sincère de toutes choses, je vais te mettre entre les mains de la justice.

LABRANCHE.

Faites tout ce qu'il vous plaira, monsieur, je n'ai rien à vous avouer. J'ai beau donner la torture à mon esprit, je ne devine point le sujet de plaintes que vous pouvez avoir contre moi.

M. ORONTE.

Tu ne veux donc pas parler? (*Il appelle vers sa maison.*) Holà, quelqu'un! qu'on me fasse venir un commissaire.

LABRANCHE, *le retenant.*

Attendez, monsieur, point de bruit. Tout innocent que je suis, vous le prenez sur un ton qui ne laisse pas d'embarrasser mon innocence. Allons, éclaircissons-nous tous deux de sang-froid. Çà, qui vous a dit que mon maître était marié?

M. ORONTE.

Qui? Il l'a mandé lui-même à un de ses amis, à Valère.

LABRANCHE.

A Valère, dites-vous?

M. ORONTE.

A Valère, oui. Que répondras-tu à cela?

LABRANCHE, *riant*.

Rien; parbleu, le trait est excellent! Ha! ha! monsieur Valère, vous ne vous y prenez pas mal, ma foi!

M. ORONTE.

Comment! qu'est-ce que cela signifie?

LABRANCHE, *riant*.

On nous l'avait bien dit, qu'il nous régalerait tôt ou tard d'un plat de sa façon; il n'y a pas manqué, comme vous voyez.

M. ORONTE.

Je ne vois point cela.

LABRANCHE.

Vous l'allez voir, vous l'allez voir. Premièrement, ce Valère aime mademoiselle votre fille, je vous en avertis.

M. ORONTE.

Je le sais bien.

LABRANCHE.

Lisette est dans ses intérêts; elle entre dans toutes les mesures qu'il prend pour faire réussir sa recherche. Je vais parier que c'est elle qui vous aura débité ce mensonge-là.

M. ORONTE.

Il est vrai.

LABRANCHE.

Dans l'embarras où l'arrivée de mon maître les a jetés tous deux, qu'ont-ils fait? Ils ont fait courir le bruit que Damis était marié.

Valère même montre une lettre supposée qu'il dit avoir reçue de mon maître; et tout cela, vous m'entendez bien, pour suspendre le mariage d'Angélique.

M. ORONTE, *bas, à part.*

Ce qu'il dit est assez vraisemblable.

LABRANCHE.

Et, pendant que vous approfondirez ce faux bruit, Lisette gagnera l'esprit de sa maîtresse, et lui fera faire quelque mauvais pas; après quoi, vous ne pourrez plus la refuser à Valère.

M. ORONTE, *bas, à part.*

Hon! hon! ce raisonnement est assez raisonnable.

LABRANCHE.

Mais, ma foi, les trompeurs seront trompés. M. Oronte est homme d'esprit, homme de tête; ce n'est point à lui qu'il faut se jouer.

M. ORONTE.

Non, parbleu!

LABRANCHE.

Vous savez toutes les rubriques du monde, toutes les ruses qu'un amant met en usage pour supplanter son rival.

M. ORONTE, *haut.*

Je t'en réponds. Je vois bien que ton maître n'est point marié. Admirez un peu la fourberie de Valère! Il assure qu'il est intime ami de Damis, et je vais parier qu'ils ne se connaissent seulement pas.

LABRANCHE.

Sans doute. Malepeste! monsieur, que vous êtes pénétrant! Comment! rien ne vous échappe.

Je ne me trompe guère dans mes conjectures.

SCÈNE XVI

CRISPIN, *dans le fond, sortant de la maison de M. Oronte;* M. ORONTE, LABRANCHE.

M. ORONTE, *à Labranche.*

J'aperçois ton maître ; je veux rire avec lui de son prétendu mariage ; ha! ha! ha! ha!

LABRANCHE, *affectant de rire.*

Hé! hé! hé! hé! hé! hé! hé!

M. ORONTE, *riant, à Crispin.*

Vous ne savez pas, mon gendre, ce que l'on dit de vous? Que cela est plaisant! on m'est venu donner avis (mais avis comme d'une chose assurée) que vous étiez marié. Vous avez, dit-on, épousé secrètement une fille de Chartres. Ha! ha! ha! ha! est-ce que vous ne trouvez pas cela plaisant?

LABRANCHE, *riant et faisant des signes à Crispin.*

Hé! hé! hé! hé! il n'y a rien de si plaisant.

CRISPIN, *affectant de rire, à M. Oronte.*

Ho! ho! ho! ho! cela est tout à fait plaisant.

M. ORONTE.

Un autre, j'en suis sûr, serait assez sot pour donner là-dedans; mais moi, serviteur.

LABRANCHE.

Oh! diable! M. Oronte est un des plus gros génies!

CRISPIN.

Je voudrais savoir qui peut être l'auteur d'un bruit si ridicule.

LABRANCHE, *à Crispin.*

Monsieur dit que c'est un gentilhomme appelé Valère.

CRISPIN, *faisant l'étonné.*

Valère! Quel est cet homme-là?

LABRANCHE, *à M. Oronte.*

Vous voyez bien, monsieur, qu'il ne le connaît pas... (*A Crispin.*) Hé, là, c'est ce jeune homme que tu sais... que vous savez, dis-je... qui est votre rival, à ce qu'on nous a dit.

CRISPIN.

Ah! oui, oui, je m'en souviens; à telles enseignes, qu'on nous a dit qu'il a peu de bien, et qu'il doit beaucoup; mais qu'il couche en joue la fille de M. Oronte, et que ses créanciers font des vœux très-ardents pour la réussite de ce mariage.

M. ORONTE.

Ils n'ont qu'à s'y attendre, vraiment! ils n'ont qu'à s'y attendre.

LABRANCHE, *à M. Oronte.*

Il n'est pas sot, ce Valère; il n'est, parbleu, pas sot.

M. ORONTE, *à Labranche.*

Je ne suis pas bête, non plus; je ne suis, palsambleu, pas bête; et, pour le lui faire voir, je vais de ce pas chez mon notaire. (*Il va pour sortir, et revient sur ses pas.*) Ou plutôt, Damis, j'ai une proposition à vous faire. Je suis convenu, je l'avoue, avec M. Orgon, de vous donner vingt mille écus en argent comptant; mais voulez-vous prendre, pour cette somme, ma maison du faubourg Saint-Germain? Elle m'a coûté plus de quatre-vingt mille francs à bâtir.

CRISPIN, à *M. Oronte*.

Je suis homme à tout prendre; mais, entre nous, j'aimerais mieux de l'argent comptant.

LABRANCHE.

L'argent, comme vous savez, est plus portatif.

M. ORONTE, *à Labranche*.

Assurément.

CRISPIN.

Oui, cela se met mieux dans une valise. C'est qu'il se vend une terre auprès de Chartres; je voudrais bien l'acheter.

LABRANCHE.

Ah! monsieur, la belle acquisition! Si vous aviez vu cette terre-là, vous en seriez charmé.

CRISPIN.

Je l'aurai pour vingt-cinq mille écus, et je suis assuré qu'elle en vaut bien soixante mille.

LABRANCHE.

Du moins, monsieur, du moins. Comment! sans parler du reste, il y a deux étangs où l'on pêche pour deux mille francs de goujon.

M. ORONTE.

Il ne faut pas laisser échapper une si belle occasion. (*A Crispin.*) Ecoutez, j'ai chez mon notaire cinquante mille écus que je réservais pour acheter le château d'un certain financier qui va bientôt disparaître; je veux vous en donner la moitié.

CRISPIN, *embrassant M. Oronte.*

Ah! quelle bonté, monsieur Oronte! je n'en perdrai jamais la mémoire; une éternelle reconnaissance... mon cœur... enfin, j'en suis tout pénétré.

LABRANCHE.

M. Oronte est le phénix des beaux-pères.

M. ORONTE.

Je vais vous quérir cet argent; mais je rentre auparavant pour donner cet avis à ma femme. *(Il va pour sortir.)*

CRISPIN, *l'arrêtant.*

Les créanciers de Valère vont se pendre.

M. ORONTE.

Qu'ils se pendent! Je veux que, dans une heure, vous épousiez ma fille.

CRISPIN, *riant.*

Ha! ha! ha! que cela sera plaisant!

LABRANCHE.

Oui, oui, c'est cela qui sera tout à fait drôle.

SCÈNE XVII

CRISPIN, LABRANCHE.

CRISPIN.

Il faut que mon maître ait eu un éclaircissement avec Angélique, et qu'il connaisse Damis.

LABRANCHE.

Ils se connaissent si bien, qu'ils s'écrivent, comme tu vois; mais, grâce à mes soins, M. Oronte est prévenu contre Valère, et j'espère que nous aurons la dot en croupe avant qu'il soit désabusé.

CRISPIN, *regardant vers le fond du théâtre.*

O ciel!

LABRANCHE.

Qu'as-tu, Crispin?

CRISPIN.

Mon maître vient ici.

LABRANCHE.

Le fâcheux contre-temps !

SCÈNE XVIII

CRISPIN, VALÈRE, LABRANCHE.

VALÈRE, *dans le fond*.

Je puis, avec cette lettre, entrer chez
M. Oronte. Mais je vois un jeune homme : serait-ce Damis? Abordons-le; il faut que je
m'éclaircisse. (*Il s'approche.*) Juste ciel! c'est
Crispin.

CRISPIN, *à Valère*.

C'est moi-même. Que diable venez-vous
faire ici? Ne vous ai-je pas défendu d'approcher de la maison de M. Oronte? Vous allez
détruire tout ce que mon industrie a fait
pour vous.

VALÈRE.

Il n'est pas nécessaire d'employer aucun
stratagème pour moi, mon cher Crispin.

CRISPIN.

Pourquoi?

VALÈRE.

Je sais le nom de mon rival, il s'appelle Damis; je n'ai rien à craindre, il est marié.

CRISPIN.

Damis marié! Tenez, monsieur, voilà son
valet, que j'ai mis dans vos intérêts; il va
vous dire de ses nouvelles.

VALÈRE, *à Labranche*.

Serait-il possible que Damis ne m'eût pas

mandé une chose véritable? A quel propos
m'avoir écrit en ces termes...?

(Il lit la lettre de Damis.)

« De Chartres.

« Vous saurez, cher ami, que je me suis
« marié en cette ville ces jours passés. J'ai
« épousé secrètement une fille de condition.
« J'irai bientôt à Paris, où je prétends vous
« faire, de vive voix, tout le détail de ce ma-
« riage.

« DAMIS. »

LABRANCHE, à Valère.

Ah! monsieur, je suis au fait. Dans le temps
que mon maître vous a écrit cette lettre, il
avait effectivement ébauché un mariage; mais
M. Orgon, au lieu d'approuver l'ébauche, a
donné une grosse somme au père de la fille,
et a, par ce moyen, assoupi la chose.

VALÈRE.

Damis n'est donc point marié?

LABRANCHE.

Bon!

CRISPIN.

Eh! non.

VALÈRE.

Ah! mes enfants, j'implore votre secours.
Quelle entreprise as-tu formée, Crispin? Tu
n'as pas voulu tantôt m'en instruire. Ne me
laisse pas plus longtemps dans l'incertitude.
Pourquoi ce déguisement? Que prétends-tu
faire en ma faveur?

CRISPIN.

Votre rival n'est pas encore à Paris; il n'y
sera que dans deux jours; je veux, avant ce
temps-là, dégoûter M. et madame Oronte de
son alliance.

VALÈRE.

De quelle manière ?

CRISPIN.

En passant pour Damis. J'ai déjà fait beaucoup d'extravagances, je tiens des discours
insensés, je fais des actions ridicules qui ré-
voltent à tout moment contre moi le père et
la mère d'Angélique. Vous connaissez le caractère de madame Oronte : elle aime les
louanges ; je lui dis des duretés qu'un petit-
maître n'oserait dire à une femme de robe.

VALÈRE.

Eh bien ?

CRISPIN.

Eh bien, je dirai et ferai tant de sottises
que, avant la fin du jour, je prétends qu'ils
me chassent, et qu'ils prennent la résolution
de vous donner Angélique.

VALÈRE.

Et Lisette entre-t-elle dans ce stratagème ?

CRISPIN.

Oui, monsieur ; elle agit de concert avec
nous.

VALÈRE.

Ah ! Crispin, que ne te dois-je pas !

CRISPIN.

Demandez, pour plaisir, à ce garçon-là, si
je joue bien mon rôle.

LABRANCHE.

Ah ! monsieur, que vous avez là un domes-
tique adroit ! C'est le plus grand fourbe de
Paris ; il m'arrache cet éloge. Je ne le seconde
pas mal, à la vérité ; et si notre entreprise
réussit, vous ne m'aurez pas moins d'obligation qu'à lui.

VALÈRE.

Vous pouvez tous deux compter sur ma reconnaissance; je vous promets...

CRISPIN.

Eh! monsieur, laissez là les promesses; songez que, si l'on vous voyait avec nous, tout
serait perdu. Retirez-vous, et ne paraissez
point ici d'aujourd'hui.

VALÈRE.

Je me retire donc. Adieu, mes amis; je me
repose sur vos soins.

LABRANCHE.

Ayez l'esprit tranquille, monsieur; éloignez-
vous vite, abandonnez-nous votre fortune.

VALÈRE.

Souvenez-vous que mon sort...

CRISPIN.

Que de discours!

VALÈRE.

Dépend de vous.

CRISPIN, *le repoussant.*

Allez-vous-en, vous dis-je.

SCÈNE XIX

CRISPIN, LABRANCHE.

LABRANCHE.

Enfin il est parti.

CRISPIN.

Je respire.

LABRANCHE.

Nous avons eu une alarme assez chaude. Je

mourais de peur que M. Oronte ne nous surprît avec ton maître.

CRISPIN.

C'est ce que je craignais aussi ; mais, comme nous n'avions que cela à craindre, nous sommes assurés du succès de notre projet. Nous pouvons à présent choisir la route que nous avons à prendre. As-tu des chevaux pour cette nuit?

LABRANCHE, *regardant de loin.*

Oui.

CRISPIN.

Bon. Je suis d'avis que nous prenions le chemin de Flandre.

LABRANCHE, *regardant toujours.*

Le chemin de Flandre ; oui, c'est fort bien raisonné. J'opine aussi pour le chemin de Flandre.

CRISPIN.

Que regardes-tu avec tant d'attention?

LABRANCHE.

Je regarde... oui... non... Ventrebleu ! serait-ce lui?

CRISPIN.

Qui, lui?

LABRANCHE.

Hélas ! voilà toute sa figure.

CRISPIN.

La figure de qui?

LABRANCHE.

Crispin, mon pauvre Crispin, c'est M. Orgon.

CRISPIN.

Le père de Damis?

LABRANCHE.

Lui-même.

CRISPIN.

Le maudit vieillard !

LABRANCHE.

Je crois que tous les diables sont déchaînés contre la dot.

CRISPIN.

Il vient ici, il va entrer chez M. Oronte, et tout va se découvrir.

LABRANCHE.

C'est ce qu'il faut empêcher, s'il est possible. Va m'attendre à l'auberge.

SCÈNE XX

LABRANCHE, *seul.*

Ce que je crains le plus, c'est que M. Oronte ne sorte pendant que je lui parlerai.

SCÈNE XXI

M. ORGON, LABRANCHE.

M. ORGON, *à lui-même.*

Je ne sais quel accueil je vais recevoir de M. et de madame Oronte.

LABRANCHE, *bas, à lui-même.*

Vous n'êtes pas encore chez eux. (*Haut.*) Serviteur à monsieur Orgon.

M. ORGON, *haut.*

Ah ! je ne te voyais pas, Labranche.

LABRANCHE.

Comment, monsieur ! c'est donc ainsi que

vous surprenez les gens? Qui vous croyait à
Paris?

M. ORGON.

Je suis parti de Chartres peu de temps après
toi, parce que j'ai fait réflexion qu'il valait
mieux que je parlasse moi-même à M. Oronte,
et qu'il n'était pas honnête de retirer ma parole par le ministère d'un valet.

LABRANCHE.

Vous êtes délicat sur les bienséances, à ce
que je vois. Si bien donc que vous allez trouver M. et madame Oronte?

M. ORGON.

C'est mon dessein.

LABRANCHE.

Rendez grâce au ciel de me rencontrer ici
à propos pour vous en empêcher.

M. ORGON.

Comment! les as-tu déjà vus, toi, Labranche?

LABRANCHE.

Eh! oui, morbleu! je les ai vus; je sors de
chez eux. Madame Oronte est dans une colère
horrible contre vous.

M. ORGON.

Contre moi!

LABRANCHE.

Contre vous. « Hé quoi! a-t-elle dit, M. Orgon nous manque de parole; qui l'aurait cru?
Ma fille désormais ne doit plus espérer d'établissement. »

M. ORGON.

Quel tort cela peut-il faire à sa fille?

LABRANCHE.

C'est ce que je lui ai répondu. Mais comment voulez-vous qu'une femme en colère entende raison? C'est tout ce qu'elle peut faire de sang-froid. Elle a fait là-dessus des raisonnements bourgeois. « On ne croira point dans le monde, a-t-elle dit, que Damis ait été obligé d'épouser une fille de Chartres; on dira plutôt que M. Orgon a approfondi nos biens, et que, ne les ayant pas trouvés solides, il a retiré sa parole. »

M. ORGON.

Fi donc! peut-elle s'imaginer qu'on dira cela?

LABRANCHE.

Vous ne sauriez croire jusqu'à quel point la fureur s'est emparée de ses sens. Elle a les yeux dans la tête; elle ne connaît personne; elle m'a pris à la gorge, et j'ai eu toutes les peines du monde à me tirer de ses griffes.

M. ORGON.

Et M. Oronte?

LABRANCHE.

Oh! pour M. Oronte, je l'ai trouvé plus modéré, lui : il m'a donné seulement deux soufflets.

M. ORGON.

Tu m'étonnes, Labranche : peuvent-ils être capables d'un pareil emportement, et doivent-ils trouver mauvais que j'aie consenti au mariage de mon fils? Ne leur en as-tu pas expliqué toutes les circonstances?

LABRANCHE.

Pardonnez-moi; je leur ai dit que monsieur votre fils ayant commencé par où l'on finit d'ordinaire, la famille de votre bru se préparait à vous faire un procès, que vous avez sagement prévenu en unissant les parties.

M. ORGON.

Ils ne se sont pas rendus à cette raison ?

LABRANCHE.

Bon, rendus ! Ils sont bien en état de se rendre ! Si vous m'en croyez, monsieur, vous retournerez à Chartres tout à l'heure.

M. ORGON.

Non, Labranche , je veux les voir, et leur représenter si bien les choses, que...

(*Il va pour entrer chez M. Oronte.*)

LABRANCHE, *le retenant.*

Vous n'entrerez pas, monsieur, je vous assure ; je ne souffrirai point que vous alliez vous faire dévisager. Si vous voulez leur parler absolument, laissez passer leurs premiers transports.

M. ORGON.

Cela est de bon sens.

LABRANCHE.

Remettez votre visite à demain. Ils seront plus disposés à vous recevoir.

M. ORGON.

Tu as raison, ils seront dans une situation moins violente. Allons, je veux suivre ton conseil.

LABRANCHE.

Cependant, monsieur, vous ferez ce qu'il vous plaira ; vous êtes le maître.

M. ORGON.

Non, non, viens, Labranche ; je les verrai demain.

(*Il sort.*)

LABRANCHE.

Je marche sur vos pas.

SCÈNE XXII

LABRANCHE, *seul*.

Ou plutôt je vais trouver Crispin. Nous voilà, pour le coup, au-dessus de toutes les difficultés. Il ne me reste plus qu'un petit scrupule au sujet de la dot : il me fâche de la partager avec un associé; car enfin, Angélique ne pouvant être à mon maître, il me semble que la dot m'appartient de droit tout entière. Comment tromperai-je Crispin? Il faut que je lui conseille de passer la nuit avec Angélique. Ce sera sa femme une fois : il l'aime, et il est homme à suivre ce conseil. Pendant qu'il s'amusera à la bagatelle, je déménagerai avec le solide. Mais, non. Rejetons cette pensée. Ne nous brouillons point avec un homme qui en sait aussi long que moi. Il pourrait bien quelque jour avoir sa revanche. D'ailleurs, ce serait aller contre nos lois. Nous autres, gens d'intrigues, nous nous gardons les uns aux autres une fidélité plus exacte que les honnêtes gens. Voici M. Oronte qui sort de chez lui pour aller chez son notaire : quel bonheur d'avoir éloigné d'ici M. Orgon.

(Il sort.)

SCÈNE XXIII

M. ORONTE, LISETTE.

LISETTE.

Je vous le dis encore, monsieur, Valère est honnête homme, et vous devez approfondir...

M. ORONTE.

Tout n'est que trop approfondi, Lisette. Je sais que vous êtes dans les intérêts de Valère; et je suis fâché que vous n'ayez pas inventé ensemble un meilleur expédient pour m'obliger à différer le mariage de Damis.

LISETTE.

Quoi, monsieur! vous vous imaginez...?

M. ORONTE.

Non, Lisette, je ne m'imagine rien. Je suis facile à tromper. Moi! je suis le plus pauvre génie du monde. Allez, Lisette, dites à Valère qu'il ne sera jamais mon gendre : c'est de quoi il peut assurer messieurs ses créanciers.

(Il sort.)

SCÈNE XXIV

LISETTE, *seule.*

Ouais! que signifie tout ceci? Il y a quelque chose là-dedans qui passe ma pénétration.

(Elle rêve.)

SCÈNE XXV

LISETTE , VALÈRE.

VALÈRE, *à lui-même.*

Quoi que m'ait dit Crispin, je ne puis attendre tranquillement le succès de son artifice. Après tout, je ne sais pourquoi il m'a recommandé avec tant de soin de ne point paraître ici; car enfin, au lieu de détruire son stratagème, je pourrais l'appuyer.

LISETTE, *apercevant Valère.*

Ah! monsieur!

VALÈRE.

Eh bien, Lisette?

LISETTE.

Vous avez tardé bien longtemps. Où est la lettre de Damis?

VALÈRE.

La voici; mais elle nous sera inutile. Dis-moi plutôt, Lisette, comment va le stratagème.

LISETTE.

Quel stratagème?

VALÈRE.

Celui que Crispin a imaginé pour mon amour.

LISETTE.

Crispin! Qu'est-ce que c'est que ce Crispin?

VALÈRE.

Hé! parbleu! c'est mon valet.

LISETTE.

Je ne le connais pas.

VALÈRE.

C'est pousser trop loin la dissimulation, Lisette : Crispin m'a dit que vous étiez tous deux d'intelligence.

LISETTE.

Je ne sais ce que vous voulez dire, monsieur.

VALÈRE.

Ah! c'en est trop; je perds patience, je suis au désespoir.

SCÈNE XXVI

MADAME ORONTE, VALÈRE, LISETTE, ANGÉLIQUE.

MADAME ORONTE.

Je suis bien aise de vous trouver, Valère, pour vous faire des reproches. Un galant homme doit-il supposer des lettres ?

VALÈRE, *à madame Oronte.*

Supposer! moi, madame! Qui peut m'avoir rendu un si mauvais office auprès de vous?

LISETTE, *à madame Oronte.*

Eh! madame, M. Valère n'a rien supposé; il y a de la manigance dans cette affaire.

SCÈNE XXVII

MADAME ORONTE, VALÈRE, M. ORONTE,
M. ORGON, ANGÉLIQUE, LISETTE.

LISETTE.

Mais voici M. Oronte qui revient; M. Orgon
est avec lui. Nous allons tout découvrir.

M. ORONTE, *dans le fond.*

Il y a de la friponnerie là-dedans, monsieur
Orgon.

M. ORGON, *dans le fond.*

C'est ce qu'il faut éclaircir, monsieur
Oronte.

M. ORONTE, *s'approchant, à sa femme.*

Madame, je viens de rencontrer M. Orgon,
en allant chez mon notaire : il vient, dit-il, à
Paris pour retirer sa parole; Damis est effectivement marié.

M. ORGON, *à madame Oronte.*

Cela est vrai, madame; et quand vous saurez toutes les circonstances de ce mariage,
vous excuserez...

M. ORONTE.

M. Orgon n'a pu se dispenser d'y consentir.
Mais ce que je ne comprends pas, c'est qu'il
assure que son fils est actuellement à Chartres.

M. ORGON.

Sans doute.

MADAME ORONTE, *à M. Orgon.*

Cependant, il y a ici un jeune homme qui se dit votre fils.

M. ORGON.

C'est un imposteur.

M. ORONTE, *à M. Orgon.*

Et Labranche, ce même valet qui était ici avec vous il y a quinze jours, l'appelle son maître.

M. ORGON, *à M. Oronte.*

Labranche, dites-vous? Ah! le pendard! Je ne m'étonne plus s'il m'a tout à l'heure empêché d'entrer chez vous. Il m'a dit que vous étiez tous deux dans une colère épouvantable contre moi, et que vous l'aviez maltraité, lui.

MADAME ORONTE.

Le menteur !

LISETTE, *bas, à part.*

Je vois l'enclouure, ou peu s'en faut.

VALÈRE, *bas, à part.*

Mon traître se serait-il joué de moi?

M. ORONTE.

Nous allons approfondir cela, car les voici tous deux.

SCÈNE XXVIII

M. ORONTE, M. ORGON, VALÈRE, Madame
ORONTE, ANGÉLIQUE, LISETTE, CRISPIN,
LABRANCHE.

CRISPIN.

Eh bien, monsieur Oronte, tout est-il prêt?
Notre mariage... Ouf! qu'est-ce que je vois?

LABRANCHE, *à Crispin.*

Ahi! nous sommes découverts; sauvons-
nous.

(*Labranche et Crispin veulent se retirer.*)

VALÈRE, *les arrêtant.*

Oh! vous ne nous échapperez pas, messieurs
les marauds, et vous serez traités comme
vous le méritez.

(*Valère met la main sur l'épaule de Crispin; M. Orgon et M. Oronte se saisis-
sent de Labranche.*)

M. ORONTE.

Ah! ah! nous vous tenons, fourbes.

M. ORGON, *à Labranche.*

Dis-nous, méchant, qui est cet autre fripon
que tu fais passer pour Damis?

VALÈRE, *à M. Orgon.*

C'est mon valet.

MADAME ORONTE.

Un valet! juste ciel! un valet!

VALÈRE.

Un perfide qui me fait accroire qu'il est

dans mes intérêts, pendant qu'il emploie, pour me tromper, le plus noir de tous les artifices !

CRISPIN, *à Valère.*

Doucement, monsieur, doucement! ne jugeons point sur les apparences.

M. ORGON, *à Labranche.*

Et toi, coquin, voilà donc comme tu fais les commissions que je te donne?

LABRANCHE, *à M. Orgon.*

Allons, monsieur, bride en main, s'il vous plaît; ne condamnons point les gens sans les entendre.

M. ORGON.

Quoi! tu voudrais soutenir que tu n'es pas un maître fripon?

LABRANCHE, *d'un ton pleureur.*

Je suis un fripon; fort bien! Voyez les douceurs qu'on s'attire en servant avec affection!

VALÈRE, *à Crispin.*

Tu ne demeureras pas d'accord non plus, toi, que tu es un fourbe, un scélérat?

CRISPIN, *d'un ton emporté.*

Scélérat, fourbe; que diable! monsieur, vous me prodiguez des épithètes qui ne me conviennent point du tout.

VALÈRE.

Nous aurons encore tort de soupçonner votre fidélité, traîtres!

M. ORONTE, *à Labranche et à Crispin.*

Que direz-vous pour vous justifier, misérables?

LABRANCHE, *à M. Oronte.*

Tenez, voilà Crispin qui va vous tirer d'erreur.

CRISPIN.

Labranche vous expliquera la chose en deux mots.

LABRANCHE.

Parle, Crispin, fais-leur voir notre innocence.

CRISPIN.

Parle toi-même, Labranche; tu les auras bientôt désabusés.

LABRANCHE.

Non, non; tu débrouilleras mieux le fait.

CRISPIN.

Eh bien, messieurs, je vais vous dire la chose tout naturellement. J'ai pris le nom de Damis, pour dégoûter, par mon air ridicule, M. et madame Oronte de l'alliance de M. Orgon, et les mettre par là dans une disposition favorable pour mon maître; mais, au lieu de les rebuter par mes manières impertinentes, j'ai eu le malheur de leur plaire: ce n'est pas ma faute, une fois.

M. ORONTE, *à Crispin.*

Cependant, si on t'avait laissé faire, tu aurais poussé la feinte jusqu'à épouser ma fille.

CRISPIN, *à M. Oronte.*

Non, monsieur, demandez à Labranche; nous venions ici vous découvrir tout.

VALÈRE, *à Crispin et à Labranche.*

Vous ne sauriez donner à votre perfidie des couleurs qui puissent nous éblouir : puisque Damis est marié, il était inutile que Crispin fît le personnage qu'il a fait.

CRISPIN.

Eh bien, messieurs, puisque vous ne voulez pas nous absoudre comme innocents, faites-nous donc grâce comme à des coupables.
(*Il se met à genoux devant M. Oronte.*)

LABRANCHE, *se mettant aussi à genoux.*

Oui, nous avons recours à votre clémence.

CRISPIN.

Franchement, la dot nous a tentés. Nous sommes accoutumés de faire des fourberies : pardonnez-nous celle-ci à cause de l'habitude.

M. ORONTE.

Non, non, votre audace ne demeurera point impunie.

LABRANCHE, *à M. Oronte.*

Eh! monsieur, laissez-vous toucher; nous vous en conjurons par les beaux yeux de madame Oronte.

CRISPIN.

Par la tendresse que vous devez avoir pour une femme si charmante.

MADAME ORONTE.

Ces pauvres garçons me font pitié; je demande grâce pour eux.

LISETTE, *bas, à part.*

Les habiles fripons que voilà!

M. ORGON, *à Crispin et à Labranche.*

Vous êtes bien heureux, pendards, que madame Oronte intercède pour vous.

M. ORONTE.

J'avais grande envie de vous faire punir; mais, puisque ma femme le veut, oublions le passé. Aussi bien je donne aujourd'hui ma fille à Valère : il ne faut songer qu'à se réjouir. (*Aux valets.*) On vous pardonne donc; et même, si vous voulez me promettre que vous vous corrigerez, je serai encore assez bon pour me charger de votre fortune.

CRISPIN, *se relevant.*

Oh! monsieur, nous vous le promettons.

LABRANCHE, *se relevant.*

Oui, monsieur, nous sommes si mortifiés de n'avoir pas réussi dans notre entreprise, que nous renonçons à toutes les fourberies.

M. ORONTE.

Vous avez de l'esprit, mais il en faut faire un meilleur usage; et, pour vous rendre honnêtes gens, je veux vous mettre tous deux dans les affaires. J'obtiendrai pour toi, Labranche, une bonne commission.

LABRANCHE.

Je vous réponds, monsieur, de ma bonne volonté.

M. ORONTE.

Et pour le valet de mon gendre, je lui ferai épouser la filleule d'un sous-fermier de mes amis.

CRISPIN.

Je tâcherai, monsieur, de mériter, par

ma complaisance, toutes les bontés du par-
rain.

M. ORONTE.

Ne demeurons pas ici plus longtemps. Entrons. J'espère que monsieur Orgon voudra
bien honorer de sa présence les noces de ma
fille.

M. ORGON.

J'y veux danser avec madame Oronte.

(M. Orgon donne la main à madame Oronte,
et Valère à Angélique.)

FIN DE CRISPIN RIVAL DE SON MAITRE.

TABLE DES MATIÈRES.

—

Paris. — Typ. Rouge frères, Dunon et Fresné.

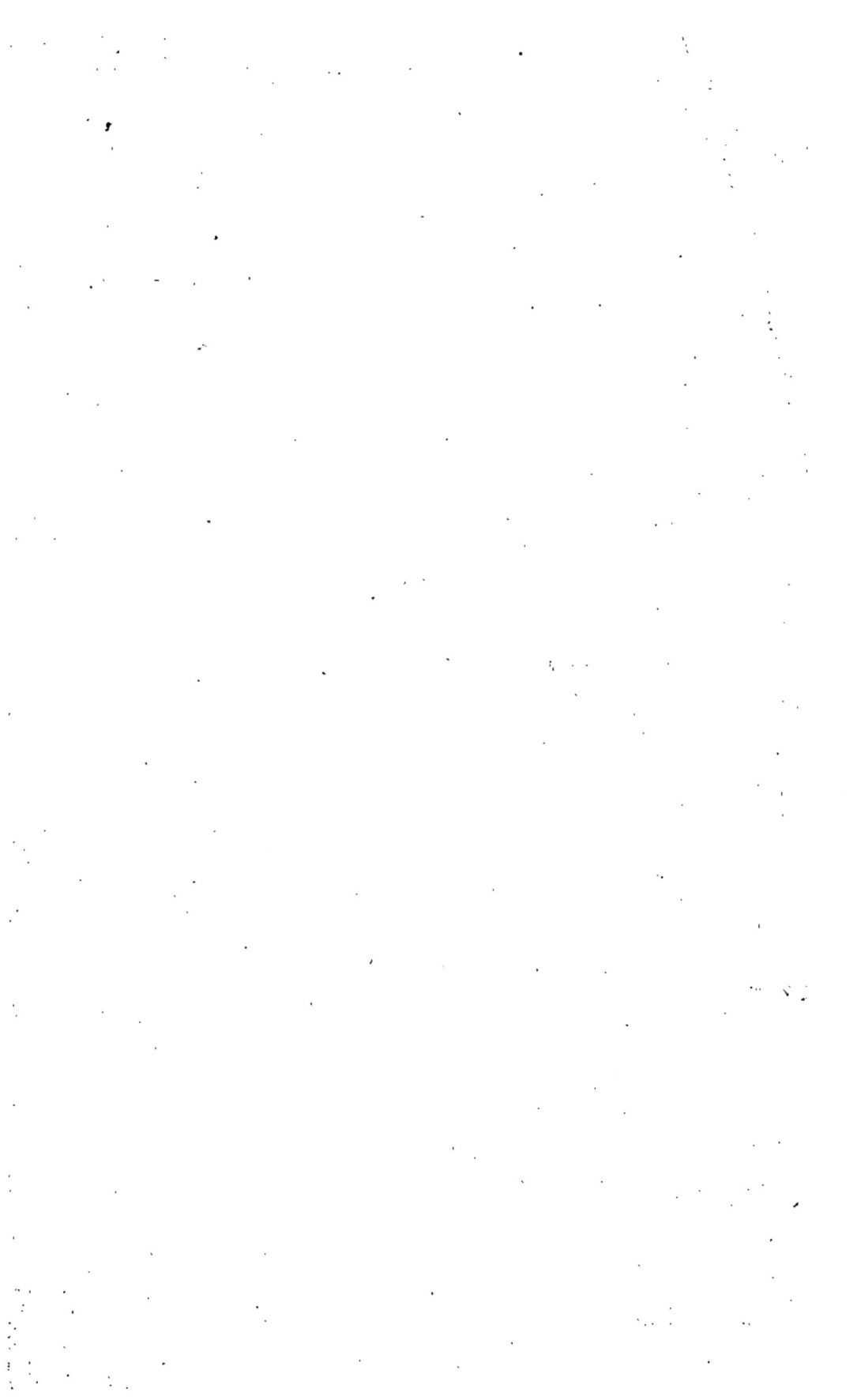

La **BIBLIOTHÈQUE NATIONALE,** fondée et 1863 dans le but de faire pénétrer au sein des plus modestes foyer les œuvres les plus remarquables de toutes les littératures, a publié, jusqu'à ce jour, **132 volumes,** comprenant les principale œuvres des

HISTORIENS : Suétone. — Salluste. — Plutarque. — Voltaire. — Montesquieu. — Saint-Réal. — Linguet. — Mme Roland.

ORATEURS, PHILOSOPHES ET MORALISTES : Descartes. — J.-J. Rousseau. — Pascal. — La Rochefoucauld. — La Bruyère. — La Boétie. — Mably. — D'Alembert. — Condorcet. — Mirabeau. — Chamfort. — Camille Desmoulins. — Lamennais. — Paul-Louis Courier. — Épictète. — Alfieri. — Beccaria. — Machiavel.

POÈTES : Boileau. — La Fontaine. — Gresset. — Byron. — Horace. — Dante. — Juvénal. — Tassoni.

SAVANTS : Fontenelle. — D'Alembert.

AUTEURS DRAMATIQUES : Corneille. — Racine. — Molière. — Regnard. — Beaumarchais. — Piron. — Schiller. — Gœthe.

ROMANCIERS ET FANTAISISTES : Diderot. — Voltaire. — Fénelon. — Le Sage. — Scarron. — Prévost. — Cazotte. — Bernardin de Saint-Pierre. — Brillat-Savarin. — X. de Maistre. — Swift. — Sterne. — Cervantès.

Envoi franco du Catalogue

On trouve chez les mêmes Éditeurs

L'ÉCOLE MUTUELLE

COURS D'ÉDUCATION POPULAIRE EN 24 VOLUMES

Comprenant : Grammaire. — Arithmétique et Tenue des livres. — Histoire naturelle. — Agriculture. — Cosmographie. — Droit usuel. — Géographie générale. — Physique. — Hygiène. — Musique. — Chimie. — Géographie de la France. — Mythologies et Religions. — Philosophie et morale. — Botanique. — Histoire de France. — Inventions et Découvertes. — Géométrie. — Histoire du moyen âge. — Histoire ancienne et moderne. — Dictionnaire usuel de la langue française.

Paris. — Typ. de Rouge frères et Comp., rue du Four-St-Germain, 43.